2015 年
「図書館と出版」を考える 新たな協働に向けて
報告集

「2015年『図書館と出版』を考える」報告集作成にあたって

一般社団法人　日本書籍出版協会
図書館委員会 委員長
持谷 寿夫（みすず書房社長）

　2015年秋、日本書籍出版協会（＝以下、書協）は出版と図書館を考えるふたつのフォーラムを開催した。10月の第101回全国図書館大会では第13分科会にて「出版と図書館」、そして、11月の第17回図書館総合展では「公共図書館の役割を考える～本に携わる私たちからの期待」のそれぞれをテーマとした。

　両会場とも多数の参加者となったが、これは近年の図書館に対する関心の高さを反映していると同時に、出版・図書館に携わる両者がたがいを知りえていないことの表れでもあった。多岐にわたる出版活動をおこなう出版社が存在し、多種多様な役割を担う図書館が存在する。この多様性を理解したうえで、共存し発展していくための議論を深めていく、ふたつのフォーラムはそのような意図をもって開催された。

　書協はこれより前、2014年から東京国際ブックフェアの場において、図書館・出版シンポジウムの開催を始め、2014年は「図書館・出版、変わりゆくコミュニティのなかで」、2015年は「地域と生きる図書館　今、図書館が伝えているものとは」として、ふだん知ることの少ない各地域での図書館活動の実態に触れ、理解を深めようとした。

　本報告集は、2015年秋の全国図書館大会分科会での出席パネリストの発言とその後の議論、さらに会場から得られたアンケートの回答や質問、また図書館総合展フォーラムでの出席パネリストの発言をまとめたものである。多様な各分野の出版活動の実際と出版社がいだく図書館への期待は、不振を続ける出版物販売が引き起こす未来の読書への危機感を前提としたものであり、なかでも課題が表面化している一般文芸書出版の世界から、公共図書館に対しての問題提起も含まれるものであった。

　出版物の再生産の循環の責任は出版者が担うものであるとはいえ、著作者・生産・流通など、およそ本に関わるすべての方々の協力なくしてそれは成立せず、読者へと届けられていく循環構造のなかに図書館の存在をどう位置づけていくかは、今後、出版界が抱える課題のひとつであることは間違いない。

　図書館、とくに公共図書館の近年の変化は3,200を超えるという館数ばかりでなく、各地域での役割が格段と多様になっていることが特徴である。図書の貸出が主であるというこれまでの図書館から、サービスの進化さらには市民に役立つ快適な「場」として

の施設へ変貌しようとしている。文部科学省からの提言「これからの図書館像―地域を支える情報拠点を目指して―」（平成18年3月）や「図書館の設置及び運営上の望ましい基準」（平成24年12月）への実現の過程でもあるのかもしれない。この後は減少を続ける資料費の増額に向けての取り組みがなにより必要なのは出版界も同様の認識を持っている。そのうえで、図書館のインフラとしての資料は、利用者のニーズに応えると同時に、公共によって読者を育てていくという視点に立った選書をおこなっていただければと願っている。出版物販売に明るさを見いだすのが難しい現状のなか、ともすれば失われていく読書環境の充実をはかり、出版の多様性を維持するためにも、著者・書店・図書館、出版者が新たな協働の道を探していくことが求められている。

（注）

2014年　東京国際ブックフェア　図書館シンポジウム

シンポジウム　タイトル　「図書館・出版、変わりゆくコミュニティのなかで」

パネリスト：古瀬義孝氏（佐賀県伊万里市民図書館館長）、福嶋聡氏（ジュンク堂書店難波店店長）、平尾隆弘氏（文藝春秋前社長）、コーディネーター：齋藤明彦氏（鳥取県地域振興部・理事監兼東部振興監、元鳥取県立図書館館長）

2015年　東京国際ブックフェア　図書館シンポジウム

シンポジウム　タイトル　「地域と生きる図書館　今、図書館が伝えているものとは」

パネリスト：早苗忍氏（福井県鯖江市図書館副館長）、河瀬裕子氏（熊本市くまもと森都心プラザ図書館副館長）、柴崎悦子氏（宮城県名取市図書館館長）、猪谷千香氏（文筆家）、コーディネーター：高田俊哉氏（筑摩書房）

目　次

「2015 年『図書館と出版』を考える」報告集作成にあたって
　持谷　寿夫（日本書籍出版協会副理事長・図書館委員会委員長／みすず書房社長）　…ⅲ

〔第 1 章〕

第 101 回全国図書館大会　第 13 分科会「出版と図書館」記録・報告集
　《第 1 部》各出版社・図書館からの報告……………………………………………………2
　《第 2 部》会場との質疑応答とディスカッション…………………………………………25
　《別添①》会場で答えられなかった質問への回答…………………………………………40
　《別添②》出版界から図書館界への質問　来場図書館関係者からの応答 ……………46

〔第 2 章〕

図書館総合展フォーラム 2015　記録・報告集
「公共図書館の役割を考える～本に携わる私たちからの期待」
　《報告記録》……………………………………………………………………………………55
　《質疑応答・ディスカッション》……………………………………………………………61
　《来場者アンケート　集約》…………………………………………………………………70

〔おわりに〕

　成瀬　雅人（日本書籍出版協会常任理事・図書館委員会副委員長／原書房社長）　……74

〔第1章〕
第101回全国図書館大会
第13分科会「出版と図書館」記録・報告集

開催日：2015年10月16日（金）
会場：国立オリンピック記念青少年総合センター
主催：（一社）日本書籍出版協会（書協）・図書館委員会
共催：（公社）日本図書館協会・出版流通委員会
来場者数：133名（図書館69名、出版36名、その他28名）

〔開催プログラム〕
《第1部》各出版社・図書館からの報告
　　　問題提起　「出版と図書館」
　　　　　持谷　寿夫（みすず書房社長、書協副理事長・図書館委員会委員長）
　　　文芸出版社と図書館
　　　　　佐藤　隆信（新潮社社長、書協副理事長）
　　　児童書出版社と図書館
　　　　　今村　正樹（偕成社社長、書協理事・図書館委員会副委員長）
　　　実用書出版社と図書館
　　　　　富永　靖弘（新星出版社社長、書協理事）
　　　学術専門書出版社と図書館
　　　　　黒田　拓也（東京大学出版会専務理事、書協理事・図書館委員会副委員長）
　　　公立図書館の選書
　　　　　小池　信彦（調布市立図書館館長）

《第2部》会場との質疑応答とディスカッション
　　　コーディネーター：小池　信彦（調布市立図書館館長）

《別添①》会場で答えられなかった質問への回答
《別添②》出版界から図書館界への質問　来場図書館関係者からの応答

《第1部》各出版社・図書館からの報告

問題提起　「出版と図書館」
持谷　寿夫
みすず書房社長／書協図書館委員会委員長

図書館＝公共図書館？

なぜ公共図書館が出版界で話題になるのか？

　出版に携わる多くは、公共図書館を図書館そのものとしてイメージする。学校、大学、専門などと役割に応じた図書館は存在するが、出版の世界では図書館と言えば、公共図書館を指すといっても良いほどである（この文中でも図書館は公共図書館）。それはなぜだろうか。

　学校や大学や専門の各図書館での蔵書は利用者も特定され、出版側もそれらの図書館での読書機会の拡大は望んでおり、出版ビジネスとしても重要である。しかし、公共図書館には、出版物の再生産の循環には想定されていない性格の蔵書が多いために、図書館の存在と自らの出版活動を位置づけるのが難しい状況になっている。図書館での蔵書アイテムの多い一般文芸書や実用書の出版における再生産の構造は、図書館を経由して読者に届けられるというよりも、全国の書店を通して購入されるというビジネスモデルになっている。出版物の売り上げが鈍化し、図書館の数が増え、利便性が向上している現在、今まで意識しなかったその存在が相対的に浮上してきている。

マス・セールの出版の世界と図書館

　マス・セールの出版物の効率的流通を支えにして、多様性ある少部数の出版物と共存するのが日本の出版流通の特徴。この大量流通の仕組みを制度面から保証してきたのが再販制度や委託制度であり、機能している限り、読者からのできるだけ安価に、どこでも求めたいという要望に応えられていた。売上拡大の時代から減少の時代へ、書店で購入してきた読者が地域の図書館へと向かい、図書館に対してもマス・セールの出版物の蔵書を要求し、図書館もその要求に応えようとしたとき、図書館購入を前提にしないマス・セールの出版物を刊行している出版社は戸惑いを覚え、あらためて図書館の存在を考えなければならない状況になっている。

図書館の役割、インフラとしての出版物

　図書館がそれぞれの地域のなかで、市民に役立つ公共機関として存在することは異論がない。単なる貸出の場ではなく、近年おこなわれているさまざまなサービスは、現場に携わる方々の努力によって拡充され続け利用者の支持も多いことは出版側も理解している。

　では、その図書館の存在のインフラと

して必要な蔵書には、どのような基準が適用され、どのように選定されているのだろうか。その蔵書構成は図書館の評価対象項目とされているのだろうか。「貸出数」や「来館者数」といった数値化されやすい指標だけではなく、顕在化されていない利用者の要望を満たすことも図書館の使命であり、そうした選書をおこなうことが図書館人の専門性ではないかと、多くの出版人は感じている。

それぞれの出版と図書館

各出版社から（著者〜出版者〜流通〜読者）

多様な出版活動をおこなう出版社は、それぞれの出版物に適した循環の構造をもっている。その構造と、図書館がその循環のどこに位置づけられているのかを考えることはビジネスとしてではなく、公共での読書という概念が共有されていない現在、両者にとってなにより重要である。この分科会では、児童書、一般文芸書、実用書、学術専門書の各分野の代表的出版社からの発表を受ける。

ペーパー・バック（文庫）と図書館

日本においてのペーパー・バックは、欧米とは異なる発展を遂げている。オリジナル版が増えたとはいえ、単行本刊行後、一定期間を経て文庫化という流れが、生産の構造であり、この出版流通もマスの世界として成り立ち、図書館を購入先と見るビジネスモデルではない。

読者拡大という観点からは、図書館での出会いが重要とはいいながら、図書館での蔵書は単行本を主体にし、文庫は個人での購入という棲み分けを求める声も多い。

新刊書、既刊書と図書館

新刊書とともに、既刊書の販売も出版社の利益構造に大きく関わっている。マスの出版物と同様に、既存のロングセラーが生み出す利益によって出版の循環は支えられている。近年の売れ行き不振は、既刊書の減少が著しいということでもある。結果として品切れになる書目も多く、読書の多様性は細ることになる。品切れ書が多いという現実は、図書館の現場の方も実感しているのではないだろうか。まったく売れなくて品切れではなく、重版できる最低数が売れなくなったということ。図書館との関係では、出版する側は既刊書の選定も新刊同様に考慮してもらえればと思っている。そのために出版する側が提供できる情報には何があるのか。

出版と図書館

知ることから始まる

図書館と出版は、減少していく読書環境の充実、読者拡大の必要という問題意識は共有できる。だが、互いがビジネスとしての出版や、市民価値という視点を前面に出せば理解し合える部分は限ら

れる。それぞれの価値観から生まれた世界は両者が踏み込んで知ろうとしなければ、自らの主張を発することの繰り返しにしかならない。図書館の機能が大きく変わるなかで、出版する側は現状と課題を知り、社会的インフラとしての図書館の存在を認識する。図書館側は出版の再生産の構造を学び、図書館がその循環のどこに位置づけられているかを認識する。そのための交流の場も必要なのだろう。相互に「知る」ことから、あらたな信頼は作られるはず。

図書館への期待

少部数の専門性をもった出版の世界や児童書の出版は図書館を購入先と意識し、販売促進活動もおこなう。では、マス・セールの出版の世界は図書館に対してどのような期待を持つのだろうか。

図書館を通した、先に見える読者の姿を出版側はほとんど知らない。図書館利用者が何を読もうとしているのかは、主に公表されるベスト・リーダーや予約数によって推定されるばかりである。図書館ならではの蓄積された資料の利用状況はわからず、マスの世界の出版物の利用状況のみが顕在化される。知りたいのは図書館の先にある多様な読書の実態と読者の姿である。

公共の読書のために

出版する側はビジネスという視点とともに、「社会的インフラとしての図書館」「公共での読書とはなにか」を考える必要がある。知るための存在としての図書館への出版情報（近刊・文庫化・在庫）提供などは、読者の接点としての図書館の価値をさらに高めることにもなるし、見えにくい要望、効率的でないものをどうやって提供していくかは、「公共」だからこそそれが可能であり、必要であると思う。

さまざまな疑問・質問

この分科会を開催するにあたり、出版界から図書館への疑問・質問をまとめてみた。的外れも多いかもしれないが、これらの疑問に図書館の方々がどのような感想や意見を持たれるかを素直に聞いてみたい。

1　新刊書以外に既刊書も購入してもらいたいのですが。

2　図書館で文庫や新書を蔵書することは必要ですか。

3　図書館利用は無料が原則ですが、部分的な有料化は考えられますか。

4　図書館で利用者に刊行予定情報、文庫化情報、在庫情報等の出版情報を提供するのは難しいのですか。

5　資料費が十分ではないのは知っていま

すが、増やすための手だては。

6　来館者数や貸出数は重要ですが、図書館でのサービスを測る指標には他にどのようなものがあるのでしょうか。

7　近年、図書館で多くおこなわれているイベントと読書推進との関連について知りたいのですが。

8　図書館の分類と発行している出版社での分類が合わないケースがあります。解決は難しいのでしょうか。

9　日々の業務のなかで出版社の存在を意識する時はありますか。

　以上の疑問・質問に対する図書館側からの声は本章、《別添②》（46 頁）で紹介する。

　　　　　　　　　　　　　　以上

「文芸出版社と図書館」
佐藤 隆信
新潮社社長／書協副理事長

　近年、図書館における複本の貸出が文芸書の販売冊数を圧迫しているという声が、出版社のみならず、書店さん、著者の方からも、大きくなっている。本が、本来売れるはずの冊数の8掛、7掛しか売れないという感覚が強くなってきて、やむにやまれず、そういう声が出てきたのではないか。また、書籍の販売推定部数と公共図書館の貸出冊数が2010年ぐらいに逆転したことも、著者や書店さんの中で声を上げなければいけないという感覚が大きくなった一つの契機だと思われる。もちろん、この逆転が直接の原因であるとは思わないが、1990年代から2000年過ぎ、特に2003年に図書館アンケートをする頃にかけての、販売冊数の急激な落ち込みと貸出冊数の急激な上昇ぶりには、何らかの相関があるのではないかと感じる。

　文芸書にとって、この落ち込みがどういう意味合いを持つか。3,000部の文芸書が、図書館が増えた分だけ多く図書館に入って助かっているという面もあるだろう。しかし、本来であれば3万部、5万部、7万部、あるいは10万部ぐらい売れるはずの本の部数が、そこに届かないという感覚が非常に強い。そして、ご理解いただきたいのは、そのような本の売り上げが、文芸書出版の全体を支えていることだ。たまにしか出ないベストセラーではなく、万を超えてしっかりと売れていく本が出版の底辺を支えている構造を、ぜひご理解いただきたい。全集を棚に並べている書店の経営を支えているのも、こういう、平台に置いてすっと売れていくような本なのである。

　具体的に複本はどのくらいあるのか。2003年に、427の自治体における679の公共図書館を対象に、ベストセラー21点についての複本の平均値を調査したが、今回、2015年の初めに、OPAC（オンライン蔵書目録）を使って、1,315の自治体における3,113の公共図書館を対象に、『村上海賊の娘』（上巻）について調査した。今回の調査図書館数は『日本の図書館 統計と名簿 2014』に収載されている3,226館のうち96.5％を占める。

　平均複本冊数は2003年では2.01冊、今回は2.17冊とあまり変わっていないが、全体の平均にはあまり意味がないと思われる。

　23区・政令指定都市・人口20万以上の市・その他の市・町・村と、自治体の規模からみると、都市部の図書館のほうが、複本の率が高いように思われる。『村上海賊の娘』（上巻）を1館あたりで15.1冊以上所蔵している自治体が、人口20万以上の市では8館、その他の市では2館ある。しかし23区では、1館あたりの所蔵数が2.1～5冊の範囲にある18自治体には分館が169館もあり、所蔵数が

1.1～2冊の範囲にある5自治体には分館が54館ある。つまり分館が多いことにより1館あたりの所蔵数が少なく示されているのである。一方で、町立や村立の公共図書館は分館が少ないので、所蔵数がそのまま表れてくる。分館が多いと所蔵冊数が低く示されることが、平均値にはあまり意味がないという理由の一つである。

愛知県豊田市の図書館では『村上海賊の娘』（上巻）の所蔵数は28冊である。28冊は多く見えるが、人口1万人あたりの所蔵数は0.68冊である。一方、東京都武蔵野市の3つの図書館の所蔵数は36冊、1館あたりの所蔵数は12冊だが、人口1万人あたりの所蔵数は2.65冊となる。両自治体の1人あたりの図書費を比べると、豊田市は1人あたり148円、武蔵野市は501円である。このへんの兼ね合いが、どの文芸書を揃えればいいのか、住民のリクエストとのバランスを取りながら、図書館のみなさんがご苦労されているところだと思う。複本がストレートにいいとか悪いとか、一口では言い難い複雑な背景が読み取れる。

図書費からみると、武蔵野市が1人当たり500円の図書費で『村上海賊の娘』（上巻）を12冊所蔵しているのに対し、比較的大規模で富裕な自治体の三鷹市は、1人当たりの図書費も280.7円だが、施設当たりの所蔵数は1.3冊であり、抑制的に複本を扱っていらっしゃるのかと感じられる。図書費が豊かであるにも関わらず、あまり複本を増やしていない図書館もある、と感じる。

1館あたりの面積をみると、圧倒的に都の区部は小さい。図書館の密度が高いということだ。文京区では図書館がほぼ1平方kmあたり1館あり、全部で11の図書館に『村上海賊の娘』（上巻）は33冊ある。分館が多いと1館当たりの所蔵数は小さく出るので、文京区での1館の平均所蔵数は3冊だが、この数字をそのまま受け取ってよいものか、あるいは33冊という総数が、分館がサービスポイントとして機能することにより、非常に効率よく貸し出されているのか。このあたりの実態は自治体によって違うと思うので、所蔵冊数からだけでは見えてこないものがある。

複本の冊数のみで判断できないもう一つの理由は、IT機器、スマホの普及にある。OPACによって、いつでもどこでも手軽に予約ができるようになったことから、ネット上で話題になるとすぐ予約が集まる。しかし本当に、民意として、需要として、価値のある予約なのかわからない。しかもネットの発達により、サービスポイントでも近くの図書館でも、自分にいちばん都合の良い場所で借りることができるようになった。昔に比べると、同じ自治体の中で、物理的な制約によってそれほど回らなかった複本が、非常に効率よくロスなく読者の手元に届いているはずだ。IT機器の発達により、昔の1冊の複本が、現在では2冊

にも3冊にも役に立っている。いいことでもあるが、その読書量が明日の出版の足を引っ張りかねないという観点からみると、ちょっと困った面も出てくる。IT機器の発達によって、昔よりも複本が機能していることを併せて考えなければいけない。新古書店など複数の影響が重なり合っていると思うが、複本の影響によって販売冊数が落ちているのは間違いがないのではないか、と感じている。

書店は、92年の段階から今日までに65％ぐらいまで減って、22,500店が14,600店となってしまった。図書館の目的は、そこで読書の習慣をつけた読者の方たちが、もっともっと本を好きになって、書店で本を買って、次の出版を支えていってくれるような、豊かな日本の出版文化の形成にあると思う。ぜひ、書店を支える意味でも、本について考えていただければと思う。

図書館が公共の予算に縛られているという苦しい立場は理解しているつもりだ。来館者が増えないと予算が増えない、ということはあると思う。しかし、「民意」について考えるなら、日本では民主主義が健全に機能してこれまでの繁栄が支えられてきたが、デジタル時代になって、数字が1と0というデジタルで表されるようになったことにより、良いと思われるものはより大きな支持を数字として集めるようになった。今の書店ではベストセラーはより売れるように

なり、それ以外のものはほんとうに売れなくなった、それがデジタル時代の恐ろしさだと思う。そういう中にあって公共図書館のみなさんにはOPACから上がってくる数字を民意としてそのまま受け止めないでいただきたい。

複本だけではなく文庫についても考えてほしい。文庫はいちど単行本で刊行した作品を、形を変えて安価にし、より多くの人に読んでもらい、お金に換えて著者に還元し、出版社も明日の出版に繋げていくための原資を得る、そういう装置として開発された商品だ。その文庫が図書館で充実し、貸出によって多くの人を回っていくのはせつない。

図書館学の先生からも「図書館はちょっと不便なのがいい、そうでないと図書館のもとになっている出版を壊してしまいかねない、貸出しにはそういう仕掛けがある」と聞いた。今日は、複本について、文庫について、住民サービスの観点から本当に必要かどうかを、少しマイナスの観点から考えてほしいというお願いをしたつもりだが、図書館のみなさんには、どのくらいのサービスがありえるのかを、ぜひ考えていただきたいと思う。

図書館では蔵書を資料と呼んでいらっしゃる。「読書」という言葉と「図書館利用」という言葉の違いを考えてみたい。国会図書館は全ての出版物を集めている。都道府県立図書館はできる限りの予算で出版物を集め、大学図書館や専門

図書館は非常に深いところまで専門の出版物を集める。市区町村立図書館はそこまで深くはなく、普通の人たちが普通の調べものをするときに役立つような本を揃えるのが役割ではないか。そして、楽しみとしての「読書」は、本来は書店さんで本を買って行われるものではないか。資料として1冊は図書館で所蔵し、読者に読書の入り口として役立ててもらい、面白ければ書店さんで本を買ってもらう。こう考えると図書館が蔵書を資料と呼ぶのは当たっている。今日お話しした問題は、やはり選書の問題にかえってくると思う。ぜひお考えいただきたいと思う。

以上

「子どもの本と図書館の関係について：いくつかの印象とともに」

今村 正樹

偕成社社長／書協図書館委員会副委員長

　これから私がお話しすることは、一切の客観的なデータを欠いた一出版人が抱いた印象に基づくものです。その点で図書館が旨とする実証的な考察とは対極にあるものとなるでしょう。そうする理由は一つには怠けていて事実を調べる時間が無くなったためであり、もう一つは、実際に図書館の現場で働いておられる皆さんのほうが事実をよくご存じで、「それは違う！」と後の質疑のなかで追及してくださるであろうと思うからです。

　さて日本人はよく言われるように世界的に見てもよく本を読む民族らしく（「読んだ」と過去形で言いたくないものです）、江戸後期以降一般庶民の識字率の高さを背景に、産業としての出版がたいへん盛んになりました。識字率の高さは商いで成功するという多分に功利的な動機によるものらしいですが、それは家族的な伝統として受け継がれ、読書は良いものだとする観念が明治以降の近代化の中でも、近代化そのものを推し進める一つの力となったと考えられます。

　少しでも早く文字が読めるようになることは、変化する社会の中でわが子が成功することを願うすべての親にとって望ましいことであり、そのために本が身近にあることは生活の不可欠の条件でした。昭和の初期はもう暗い戦雲に覆われていたように思われていますが、実際には文化的におおいに成熟し子どものための本も数多く出されています。そして中流家庭以上という限定が付きながら、たくさんの家庭で読まれていたのでした。

　その文化的伝統は戦争に敗れたあとも続きます。むしろ民主化とともに家庭の総中流化が進むなかで、子どものための読書は一気に拡大していきます。この時期多くの児童図書出版社が生まれたのも、学校図書館という新しい市場が誕生したこととともに、家庭での購入の意欲が高まったという事実と無関係ではありません。何十巻もの児童文学全集が飛ぶように売れていたのが、昭和30年代の高度成長期でした。

　しかしこの頃の本はとても高かったのです。おそらく今の物価感覚では7～8倍にするとほかの品々と釣り合う、という感じだと思います。すべての家庭が潤沢に本を買い入れることはできません。児童館の図書室や個人が運営する家庭文庫が、次々と生まれてきます。日本は1980年代までは完全な（公共）図書館後進国でしたが、その時代にあってもっとも普及していた図書館施設は、こうした児童図書室だったのではないでしょうか。

このころの子どもの本について、どれだけの冊数が借りられあるいは買われたのかを比較する資料は、貸出記録が残っていないでしょうから多分存在しません。しかし1980年代は、出版の他の分野とともに子どもの本もたいへんよく売れました。ピークは1991年で、これは日本のバブル経済が破たんした2年後です。大人の本はこのあとなお5年を経て頂点を迎えるのですが。

1990年のとくに半ば以降、出版の市場が—ハリー・ポッターが刊行された何年かを除いて— 一貫して縮小している事実の原因は、突き止めることが大変に難しい。統計上見ると、一般に言われている読者の本離れという理由付けはどうも事実ではなさそうです。この時期は経済の泥沼の停滞と、それを脱するべく施策された公共事業テコ入れによる図書館のハコモノ建設が並行して進み、これらの図書館の充実がどうも出版市場の縮小の原因ではないかということが囁かれ始めました。そのうちに最近経済が多少の回復に向かっても、出版だけは取り残されているという事実から、やはり出版不況の原因は図書館か？ という議論が出てきました。が、これは別の論者に譲ることにします。

経済の長期にわたる停滞は、多くの家庭の家計を圧迫しました。私ども出版社は決して高いと考えていませんが、絵本や子どもの読み物も家計の負担となる時代が続き、子どもの本についても「所有から利用へ」という段階に入る人が普通になったのが、多分世紀の変わり目ころではないでしょうか。

では図書館は子どもの本の（販売の）敵になってしまったのか？ と言えば、決してそのようなことはありません。むしろ子どもの読書の有形無形のインフラストラクチャーになったと、私は考えています。それはどういうことでしょうか。

今不況と言われながらも、なお年間3,000点以上の子どもの本の新刊が刊行されています。加えて今までに蓄積された膨大な既刊書のストックがあります。この中からどうやって子どもが本当に好きな一冊を見つけるのか？ いちいち買って読んでみるなど不可能です。しかも子どもたちの、本に対する嗜好は非常に多様で他の子どもの好き嫌いなどほとんど参考にはなりません。そういう時に、図書館は格好の「お試し場所」になっています。事実読者から戻ってくる愛読者カードには「子どもが放さない」「子どもが何度も借りてくたびれた」ので、とうとう購入したというコメントがよく見られます。それが地味な本であったりすると、出版社冥利を感じるひと時でもあります。もちろん多くの子どもたちが例外なく好きで集中する本もありますが、それらは何十冊もの複本が揃えられて対応されています。そしてこれは子どもの本だけの特性ですが、読者のほとんどが相当なヘビー・ユーザーである

ため、本は例外なく壊れ継続的に買い替え需要が発生しています。図書館は子どもの本の出版社にとって、大切な「お客様」でもあるのです。

　しかし図書館が子どもの本にとってのインフラであるという本当の意味はむしろそのソフトの部分にあると私は思っています。つまり司書による選書です。子どもの本は多くのミリオン・セラーを擁しています。しかしそれらは大人のベストセラーのように短期間に出来上がるものではなく、何十年もの間じわじわと売れ続けることによって作られるもので、そのための大切な役目を図書館は果たしてきたと考えています。もちろん書店の店頭で長く売れ続けることも大切な要件ですが、数多くの新刊が日々店頭に送り出される現状では、本当は長く読み継がれるべき本も簡単に押し出されていってしまう現状です。特に書店が毎日の売り上げを確保することに精いっぱいの今、すぐには手に取る子どもが少なくても、これは将来にわたって読まれるべき本であると判断して図書館の棚に置くことがとても重要になっていると痛感しています。

　子どもの本に限らず、図書館という存在全体を考えるとき、私たちは今を生きているだけではなく、連綿と受け継がれている歴史の時間軸をも生きていることを思います。戦後、市民としての権利意識が過剰に肥大化するとともに、現在を生きるわれわれの幸福の実現こそが、社会活動の至上目的となってしまったように見えますが、本当にそうでしょうか。予約待ち200番目の私が待つことのないよう200冊の複本を買うべきである、という利用者は今ある図書館と蔵書が、橋や水道といった生活インフラのように、過去の市民の負担と労力によって作られてきたことをぜひ考えてほしい。そして刹那的な需要の複本ではなく、今の時代を反映しながら、次の時代にとって本当に大切で必要な蔵書を作り上げていくことに思いをいたしてほしいと思います。私たちはみな、過去を引き受けて今を生きる人間として将来に対する責任があります。図書館の蔵書はその一つの表明であるということを常に忘れずにいたいと思います。

　以上が分科会のためにあらかじめ用意したレジュメ原稿ですが、当日は公共図書館の貸出至上主義の傾向に触れ、一家で30冊も40冊も一度に借り出す読書環境が子どもにとってハッピーなものとは思えないとコメントしました。これに対して終了後のアンケートで図書館司書から「なぜそれがハッピーなものではないのか」という疑問が呈されたのが驚きでした。私は子どもの読書は集中的なもので、少数の対象に深く入り込むと考えているので、短期間に何十冊もの絵本に触れてそこから最も気に入ったものを選ぶ、ということは大人の理屈ではあり得ても子どもの現実ではないと思

っています。偶然のようにその子どもにとってかけがえのない一冊にめぐり合うことが、本来の読書体験であると私は思います。また図書館運営の立場からは、一人の借り手がそれだけの数の本を独占した場合、その間それらを利用できない読者の不便を考えるべきです。

　また会場から投げかけられた質問には、「毎年課題図書を複本で購入しなければならないが何とかならないか」という意見がありました。読書感想文コンクールという、読書推進の観点からも、文章教育の観点からもおよそ無意味な行事を、全国学校図書館協議会のような組織が率先して実施していること自体が問題とされるべきですが、それでもやる理由があるのであればせめて完全な自由読書にするべきでしょう。図書館が準備する蔵書の負担も分散されるはずです。

　私は戦後の図書館法に基づいて運営される公共図書館は、民主主義の練習場でありたいと思っています。共同体をともにする他人のことを考え、共同体を受け継ぐ将来の市民を考えながら運営され利用されてほしいものだと思います。民主主義が本来備えているはずの「他者を尊重する」意識が大きく欠落し始めている現在の社会のありようは、今一度見直されるべきでしょう。そのための契機として現在の図書館問題がとらえられるべきであると考えます。

　　　　　　　　　　　　　　以上

「実用書出版社と図書館」
富永 靖弘
新星出版社社長／書協理事

はじめに

「公共図書館は常日頃実用書になじんでいる」という話がでたが、この依頼があるまで私は殆ど図書館を意識することが無かった。自分にとって本は買うものであり、仕事としては、書店店頭でお客さんに買ってもらえるということに注力して本作りをしてきた。

実用書とは何か？

そこでまず、実用書とは何かからお話したい。出版用語としては確立しているのだが、一般の人にとって「実用書って何？」という言葉である。様々なジャンルやテーマがあるのだが、読者の「役に立った」という言葉を引き出すのが実用書の役割である。読者の要望はその生活スタイル、時代、地域、年代、性別などにより多岐にわたっている。それらをターゲットに設定している実用書出版社は広範囲なテーマをカバーしている。

その中には、読めば簡単にわかってしまう情報も含まれるが、そのようなモノはこのインターネットの時代に淘汰されてきており、実用書へのニーズは全体に下がっていると言える。また、図書館と関わりが薄かった一因として、インターネットが無かった時代も、図書館で調べ物をされた結果本が売れなくなるのでは無いか、という危惧、いわばライバル視していた時代があり、図書館になじみを感じていなかった。

実用書のジャンルは一般的に生活実用書と趣味実用書にジャンル分けされる。生活実用書とは「料理」「手芸」「冠婚葬祭」「健康・家庭医学」「美容・ダイエット」「名付け・子育て」「ペット」など。趣味実用書とは「スポーツ・トレーニング」「アウトドア」「園芸」「パズル・ゲーム」「占い」「イラスト・絵画」「音楽」「その他ホビー」など。ほかに同様なジャンルを児童向けにした児童実用書や「ビジネスマナー」「起業」「簿記経理」「税金・年金」「離婚・交通事故・暮らしの法律」「マネー」などのビジネス実用書なども出版する。あらゆる専門ジャンルの中のエントリーモデルというか、そのテーマに初めてふれる人に分かりやすい本を作るということが根本である。そしてマルチジャンルあるいはクロスジャンルである「雑学」と呼ばれるものが実用書出版社の主な刊行ジャンルである。

当社は創業80年以上たっているが、根本的に手がけているテーマは当時と今と大きな違いが無い。昭和の初期にも、戦中にもあるいは戦後の混乱期にも料理の本は発行していたし、現在はもちろ

ん来年も再来年も料理書は刊行し続けるだろう。時代と共に増減、発生・消滅するジャンルはあるが、人々の暮らしに根付いたテーマが主な刊行ジャンルである。

実用書出版社の立ち位置

　先に述べたように、実用書としての書籍は、マーケットイン＝読者のニーズを把握あるいは想像して出版企画をすることが多い。もちろん、著者の独創的な主張や技法を紹介し広めて行くことも役割であるが、多くは今、人々が困っている、あるいは興味を持っているテーマを探し、読者のターゲットを決めて企画する。どこに住んでいる、どんな背景を持った人がどのような動機でその本を手にして買うか、ということを突き詰めるのである。

　商品としての「本」をいかに魅力的で良い品質、手ごろな価格で読者に提供できるかに腐心する。テキスト的な内容を深めていくことはもちろんであるが，同時にタイトル、カバーデザイン、本文レイアウト、イラスト写真の質などにこだわる。類書が多いため、販売戦略にも工夫を凝らす。特に料理書などは実際に本を手にとって読者にその内容や使い勝手を体感してもらう事が重要であり、インターネット通販のシェアは非常に低い。そのため書店店頭でのディスプレイやPOP、最近では期間限定の様々なサービス（おまけやプレゼント、書店でのポイントバックなど）を提案することも多い。唯一無二という商品・サービスでは無く、店頭で比較検討して選ばれる事が多いため、上記のようなプロセスは、一般的な本の出版というイメージより、コンビニ店頭にお菓子の新製品を供給するといった商業商品開発に似た側面がある。道具としての本の役割を追及しており、今後一層その精度を高めて行かないと、WEB情報との競争に取り残されてしまうという危機感を持っている。

　自分たちの持っている出版の使命は、入門者に手にとってもらい、そのジャンル・テーマに興味を抱いてもらい次のステップに進んで欲しい、という願いがある。

　このような商業性の強さやジャンルの曖昧さ等により、今までは出版界においては、実用書出版社はしっかりした立場が保てなかった。「いわゆる読書」とは異質で、違和感のあるジャンルと思われていたのではないだろうか？　専門書版元のような同業団体も無かった。それは実用書とはすべてがライバルという意識であったためである。読書推進活動にも縁が無かった。図書館への営業などは、聞くところによるとある程度同ジャンルが協調して活動したほうがお互いに効率が良いとされている。そのため協調する相手がいない実用書版元は、ほとんどが中小出版社であることもあって、図書館への営業アピールが無かった。

実用書と図書館

今回の依頼を機に、機会あるごとに近くの図書館を見て歩いた。実用書とは先に述べたように、様々なジャンルを渾然と出版しているため、書店では実用書というコーナーが確立しているのだが、図書館においては不便に感じた。書店では自社の本がすぐに判別できるのだが、図書館では見つけづらかった。

実用書の内容と書誌分類が噛み合わず、「名付け」の本は哲学に、「腰痛・ダイエット」が自然科学、「ペットの飼い方」が畜産、「紅茶」の本は家政―料理と農業―園芸の双方の棚に分かれているところもあった。出版社としては実用書をどのように図書館に薦めて良いかが難しい。

しかしながら図書館もそのあたりに問題意識を持っているようで、いくつかの図書館ではテーマ展示のコーナーがあり、そこには「起業」や「社会貢献」等のテーマに沿って様々な棚から書籍を集め、展示されていた。また、「実用書」というくくりのコーナーを設け、書店分類のような棚構成を取っている館も見られた。これは図書館の棚の問題だけではなく、書誌カタログにおける分類も同様、というかこちらに基づいて棚作りをしているようなので、同様な感想を抱いた。

実用書は利用されてこそ存在意義がある。実用書は何度も繰り返して読む、あるいは使うという再読性が有り、なおかつあまり普段本に親しむことのない人も手に取るものである。書店店頭では十分に選ぶことが出来ないことや、ネットの情報だけでは内容が捉えられないものでもある。図書館で分かりやすい、使いやすい本と出会い、その本を所有したいという欲求が生じ書店で購入してもらう。結果として読者の「役に立った」という気持ちを引き出す。図書館をショールーム代わりに使ってもらい、結果として本の購買にも繋がる、といった姿があると非常に嬉しい。

最後に

実用書出版社であるが、即効性だけを目的としているわけではない。本に縁の無い人も、本に親しんで欲しいということを出版理念として持っている。

例えば、ダイエットの本を読み実践し、それで効果が出れば良いが、失敗を繰り返したならば、それをきっかけに、栄養学の基本書やトレーニング・人体理論など一歩進んだところに興味を持ってもらい、それらの本を読み、自分の体に興味を持ち、知識を増やして欲しい。そのようにして、様々な人々が、知識や教養を積み重ねてゆくこと手助けをすることが、実用書に限らず、出版の大きな使命だと考えている。図書館図書としての実用書を通じ、インターネットの断片情

報と比べ、きちんと編集された本というメディアの良さを知ってもらい、読者の生活の向上に役立つ事を願っている。

　そのためにも是非、本に対する抵抗感を下げて、入りやすい図書館、必要な本が探しやすい図書館、使いやすい図書館作りを考えていただき、そのことで仮に協力できることがあれば、一緒に考えて行きたいと思う。

　そのようなことは書店に対しても同じ思いを抱いている。

以上

「学術専門書出版社と図書館」

黒田 拓也

東京大学出版会専務理事／書協図書館委員会副委員長

はじめに

1つの疑問から始めたい。

「朝の読書運動」（通称：朝読）というものがある。始まりは1970年代らしいが、この運動を推進しているトーハンの説明を見てみると、1988年に千葉県の二人の高校教師が提唱したことにより広がったようだ。その「朝読」の4原則というのがあって、「みんなでやる／毎日やる／好きな本でよい／ただ読むだけ」となっている。

以前から不思議に思っていたのだが、このような運動が広がっているのに（最近では「家読」というものもある）、小学生から大学生に至るまで、読むことの力が格段に上がったということはあまり聞かない。一般の社会人、いわゆる「大人」の読む力も同様だろう。

「読書」をすることは広がっているようだが、「読む力」は必ずしも伸びていない。なぜか。私なりに考えてみると、先に挙げた4原則の最後、「ただ読むだけ」ということに、とても大きな問題が潜んでいるように思う。たしかにみんな、相当な量を「読んでいる」のだろう。でもそのことは本当に「読んでいる」と言えるのだろうか。

「読む力」の涵養

慣れてくるとどんどん読む量が増えてくることは確かだと思うが、それだけでは字面を追う量が増加しているにすぎない。本当に「読む」ということは、そこに書かれている1行1行がどのような背景を持って書かれているのかということに想像をめぐらせ、またそこの1語1語の意味を深く考え、さらにあるまとまりをもった文章の内容が他の関連するものに繋がっていくことを自覚し、ただそうしているうちに自分の枠組みを超えた別の作品に出会っていく、というような一連の営みにあるのではないか。そうした運動ともいうべきダイナミズムに気づくことなしに、本当の読書体験はできない。

上記のような活動は、大学における原書購読や専門の学術書を読み込むときに普通に行われることである。スロー・リーディングやディープ・リーディングと呼ばれることもある。こうした知的活動は、大学の中、あるいは一部の専門家だけが必要な能力ではなく、社会のさまざまな場面で活かされるべき大切な能力の1つなのではなかろうか。

学術専門書出版社の人間として、図書館（特に公立図書館）の皆様と考えたい、あるいはできれば行動を共にしたいこ

とは、これまで述べてきた「本当の読書」とも言うべき読む力の涵養を、それぞれの地域の特性、構成される住民のあり方等を勘案して、1つのプログラムとしてつくりあげることだ。手間はかかることではあるが、読む力のある人材を多く輩出できるようにすることは、将来にわたって重要なことだろう。プログラムを考える際、地域に大学があれば、そうした訓練を十分に受けてきた大学教員の力を借りて、協働で事業を行うことも意味あることだろう。

なぜこんなことを提案するかというと、図書館の蔵書というのはまさに「叡智の海」であり、それを十二分に活かすような力を、いくつもの世代にわたる住民の方々のなかに涵養することは図書館の役割としてとても重要で、図書館が提供しうる最高の住民サービスだと思うからだ。そうした力を多くの人たちが身につければ、利用される本のあり方も変わり、自ずと蔵書の構成にも影響が出てくるはずである。

「ただ読むだけ」では、何も変わらないのではないか。

図書館の専門性

ひところよく聞いた言葉に「ビジネス支援」というものがある。このコンセプトそのものは重要なものであり必要なことだが、本当に「ビジネス支援」を標榜できる図書館はいったいいくつあるのだろう。身近な例で恐縮だが、私の住む町の公立図書館は比較的評判の良い、かつ蔵書量も豊富な図書館だが、そこに広く配置された「ビジネス支援」コーナーに並んでいる書籍を眺めていて、少し疑問に思ったことがある。

相当な種類の書籍が並んでいるのだが、細かな実務の入門書がただ固まっているだけで、ビジネス支援のあり方が全然浮かんでこない。あえて言うと、十進分類法ではさまざまなところに配架されてしまう書籍を、「ビジネス支援」の名のもとにただまとめて並べただけ、という印象がぬぐえなかった。

ある大きなテーマが設定されたとき、そのことを十分に活かすための専門的かつ体系的な理解を、そのテーマを整える図書館の方がまずは持っていることが必要で、そしてその知識をベースに、適切な書籍のまとまりを編集し提案することが重要だろう。また例えば、行政との連携も明示的にできれば公立図書館ならではの展開につながる。先に挙げた例のようなことだけだと、書店のフェアとなんら変わらない。

いますぐの現実的なことではないのかもしれないが、やはり司書の専門能力を高め、それと並行して、日本における司書のステイタスを名実ともに高める努力を、図書館界・出版業界（そして学界も）が協同して行っていくべきだろう。

図書館が持つ専門性を考える際、出版社の持つ知識というか発想が役に立つ

かもしれない。学術専門書出版社の編集者は、それぞれが担当する分野の専門家であるケースは少ない。ではなぜ学術書の企画等ができるのかといえば、編集者は関連する分野について一番詳しい人を知っているからである。わからなかったら、もっとも適切な評価を下せる、あるいは何がポイントなのかが明確にわかっている人に聞けばよいのである。

先ほどのビジネス支援であれば、それぞれの地域においてそうした知識と経験を持つ人たちをネットワークとして司書や図書館の人たちが持てばいいし、それと書籍が有機的につながれば、例えば起業を考える際にも多角的な視点から考えられ、行政の支援との連動なども含めて情報を提供できれば、利用者にとってこれほど有難いことはないであろう。

おわりに

アクティブ・ラーニングなどが拡がり、大学図書館は情報コミュニケーションの大きな場になりつつある。公立図書館も、様々なレベルの違いはあれ、地域において、そうしたコミュニケーションの中心になるところだろう。そういうかたちにおいてデジタル化というものも初めて意味を持つ。

日々変化する大学図書館の現状を身近に接することができる学術専門書出版社の一人として、他の図書館のあり様の変化についてはつねに関心があるところだが、公立図書館が、これからの時代において、何を目的とし、何が住民あるいは広く社会にとって最高のサービスなのかをいま一度捉え返してみれば、現状とは違った姿が想像／創造できるのではないか。利用者の一人として、世界に自慢できるサービスを展開する図書館が身近にある未来を楽しみにしていきたい。

[補足]

いま大学では、少子高齢社会のなかで、大学に所属している現役学生だけでなく、卒業した社会人、仕事をリタイアした高齢者、そうした3世代に学んでもらうための工夫が必要になっている。公立図書館はもとよりそうした複数の世代にまたがった読者が訪れる場所であって、その「世代」を強く意識した工夫がこれまで為されてきたところなのではないかと考えている。そこに良きノウハウがあるのであれば、公立図書館と大学図書館のコラボレーションが可能なような気もするし、また「世代」に加え「地域」という要素が入ってきたとき、各地方にある大学ないしは大学図書館と公立図書館の連携が重要になってくる。大学に関わる出版部にいる者としては、そうした「世代」をキーワードに公立図書館の方々となにか良き連携ができればと考えている。

以上

「公立図書館の選書」

小池 信彦
調布市立図書館館長

図書館利用の拡大に結び付けて、端的には売り上げ減少の責任の一端は図書館にあるという考えがある。図書館の選書の現状として、職員、ツール、予算、収集システムの実態を確認し、あるべき姿とのずれから今後の議論の材料とする。

はじめに

「図書館無料貸本屋」「貸出至上主義」といった言われ方が図書館職員の多くには快く受け入れられているとは思われない。図書館が無料で利用できることで得られる社会の便益は大きいとか、資料提供をしっかり行うこと、その方法として貸出がある、貸出を伸ばし、定着させることが重要だという考えはある意味正しい。少し古い部類になるが、安井一徳がまとめた「『無料貸本屋』論」[1]は「中小レポート」以降の論説を整理しており、図書館の選書を考える参考になる。

公立図書館はほんとうに本の敵？

あえてこの刺激的なタイトルを再度使うが、2015年2月2日開催の集会に参加、またその後の報告（『文學界』[2]など）でその内容を知った人たちはいささかタイトルとの違いに戸惑いを感じている。図書館関係者の意見は堀渡氏の「公共図書館と出版界の関係をねじらせるな」[3]などがあるが、自分自身が参加した感想、狭い範囲ではあるが、何人かと話した感想とほぼ一致している。

その戸惑いとは、これまで図書館が無料で大量に貸出するから売り上げが落ちたといった流れでの批判であり、貸出開始を猶予するとか、複本を置かないようにといった要望が主であったが、図書館が貸出をすることはよいが、せめて複本や文庫の取り扱いについて考えて欲しいという要望になってきている。その背景は今回の分科会を通じて理解したいと思う。

図書館の現状

日本図書館協会が毎年調査している統計では、一昨年の実績で、調査を始めて、初めて貸出が減少したとしている。資料費の減少が影響していると分析することもできるが、それだけだろうか。

教科書的には図書館の三要素として、資料、人、施設とされている。資料の集積が図書館の根本であることは自明であるが、人はどうだろうか。人とは資料を収集・整理・保管する図書館員を指すとされていたが、利用者に注目する考えもあり、その場合、四要素という方がわ

かりやすいという考えもある。

資料費の状況

日本図書館協会調査[4]の2012年～2014年調査によれば、資料費（決算）は減少している。経常の図書購入費は2014年調査では、2,174,003千円となっており、2013年調査から21,924千円の減である。

予算額は毎年増加しているが、実績での比較のために決算での比較が重要である。

職員の状況

専任職員は司書も含め減少し、非常勤職員、委託・派遣スタッフが増加している。

司書の人数を2012年調査と2014年調査で比較すると、専任は322人減少し、非常勤、委託・派遣は1,248.2人増加している。非常勤等は専任職員との比較のため労働時間換算の人数となるため、実際にはより多くの人が図書館業務に従事しているのが実態であろうし、また、選書などの業務よりは窓口業務などに従事する人が増加し、専任職員は選書やレファレンスなど専門的業務を人数が減少する中でこなしている。

利用者の状況

個人貸出数や予約件数は2014年調査で調査開始以来、初めて減少した。貸出は町村立が市立より減少率が高く、予約は逆に増加している。

2014年版読書世論調査[5]によれば、書籍を読む人は54％、読む人の1か月平均冊数は単行本で2.8冊、文庫・新書で2.3冊。小・中・高校生の公立図書館利用の調査を見ると小・中・高校生と年齢が上がるにつれて利用は減少する傾向はみられている。大人の利用傾向の調査はない。

貸出が減少している状況はある。借りないが来館して閲覧するケースもあるため、図書館を利用する人が減少していると即断はできないが、読書世論調査で読書する人が極端に減少している様子もないことから、読書に対する意識が変わってきている可能性はある。図書館の利用が減り、印刷された本の販売も減って、電子書籍は伸びている傾向もあることから、従来読書といった場合、文芸書を読むことを読書と言っていたが、漫画のような出版物に対しても読書と捉え回答する人が増えるといったことはないだろうか。

選書の状況

日本図書館協会は中堅ステップアップ研修を毎年実施しているが、そこではコレクション形成をテーマとする科目を開講している。

講師は現役館長や経験者が努めていることから実践的な内容となっている。

選書のタイミング

後述する収集との関連もあるが図書館流通センター（以下 TRC）が提供する『週刊新刊全点案内』という冊子から得られる情報をもとに選書している図書館は正確な比率は把握できていないが、かなりの数に上る。

取次や取引のある書店等から見計らい送品図書と新刊情報（当日発売書籍のリスト等）を得て、選定している図書館もある。返品率との兼ね合いもあり、見計らい送品図書も年々図書館が希望する内容の要望に沿わない内容になり送品が減少している。

以上は日々刊行される図書の選書であるが、既刊については、新聞等の書評、利用者からのリクエストから改めて選書される。また、一年など一定の期間ごとに当該図書館の蔵書構成を調整するための選書が行われる。

選書の内容

要求論、価値論、その中間といった議論があるが、どれかに区分できるといった単純なものではない。報告者が図書館で働き始めたころに上司に言われたことは、選書は優先順位という考えであった。一つの図書館がすべての資料を持つことは無理であるが、選書することは優先順位を決めて収集する行為だということであるが、まだ経験の浅いものにはわかったような、わからないような説明でもあった。優先順位の付け方が一番の問題であるが、これまたストンと理解できる説明にはまだ出会ったことはない。

いまは直接選書に当たることはないが、現場の悩みを聞いていて思うことは、この本がなぜここに登場したか（出版されたか）を考えているのだろうかということがある。それは、同じような内容の本が続けて、あるいは同時に出版されることがあるが、そうした時になぜ？　と考える、誰が読者として想定された本か？　という、幾つかの視点があると考えてのことである。

収　集

前述したように TRC と取引がある図書館は過半数を越えていることは間違いない。業務委託受託や指定管理者として図書館、自治体と取引がある。

通常は出版される図書は委託配本で書店に並ぶが、図書館は出版された図書から当該図書館に必要な図書を選択するため、すべての出版情報を入手し、そこから選書し、書店等へ発注（客注）する。その後の流れは書店の客注と同様である。書店との違いはそこに装備（図書ラベル、ビニールコートなど）が加わっていることである。

業務効率化のため、目録情報作成を外部化（MARC 作成）し、発注から装備付きでの納品までコントロール、トレースできるようにしている。

あるべき姿

図書館の役割、使命は何か。そのためにどのような活動をするかが多様化している現状がある。「無料貸本屋」と揶揄される現状は、「中小レポート」[6]や「市民の図書館」[7]を超える、あるいは現代の状況を踏まえたモデルがないことが背景にあると思われる。選書の問題を契機にあらためて図書館の役割、使命について考え、発信していきたい。

以上

1）安井一徳「『無料貸本屋』論」『公共図書館の論点整理』2006 年
2）「公共図書館はほんとうに図書館の敵？」『文學界』2015 年 4 月号
3）堀渡「公共図書館と出版界の関係をねじらせるな」『出版ニュース』2015　3 上旬号
4）「公共図書館統計」『図書館年鑑』収載
5）『読書世論調査　2014 年版』毎日新聞社,2014
6）『中小都市における図書館の運営』日本図書館協会,1963
7）『市民の図書館』日本図書館協会,1970

《第2部》会場との質疑応答とディスカッション

小池：それでは第二部といたしまして、質問用紙で会場の皆さんから頂いた質問を登壇者の皆さんにお答えいただこうと思います。

まず、最初の質問ですが、「実用書の観点から、図書館での実用書の配架の形をどのようにするのが一番好ましいと、思いますか。」という富永さんへの質問です。お願いします。

富永：冒頭に申し上げたように、書店販売を主に考えていますが、書店に来る読者は、特定の実用書を求めていたり、または何かしらの悩みや目的をもって書店に行くわけですので、その悩みや目的にあったジャンルの実用書が固まっていると便利なのではないかと考えます。

では、図書館にどういう方が来るかというと、定かではないと思いますが、今言ったような悩みを抱えて、悩みを解決する目的で来る方はいると思います。ですから、そういう方にとっては、私が見た図書館の実用書の並べ方は少し不便だと思うわけです。しかし、逆に言うと、読者がひとつの目的に合ったジャンルの本を探していくなかで、多様なジャンルを発見することもあります。例えばお酒の本を探している読者がいる。そうすると、単にワインの本だけじゃなくて、それに関連する美容についての本などが一緒にあったりすると、それにあわせて興味を広げるといった実用書のプラスになる利用の仕方もあると考えられます。

そういう意味では、書店と図書館の役割は違うかもしれませんが、あるいは図書館の中でも、中央図書館と分館の役割は違うかもしれません。しかし、例えば生活に密着したような分館であれば、より身近な感じのことをやってもいいのではないかと、個人的に考えています。

小池：ありがとうございます。では、続けていきます。

私への質問ですが、「選書した本を購入するとき見積もりを取って購入価格を安くするようなことはしないのか」、という質問です。

本は基本的に定価で販売するということは業界のお約束となっています。これについては各自治体によって、様々な工夫をしていると思います。この質問内容にあるように、いわゆる入札ということであれば、入札の条件を決めて、入札でより安く納入してくれるところにお願いするところもあると思います。しかし、一冊、一冊の本を入札で決めるということは通常しませんが（こういうことを実際にやっている自治体があるというのは聞いたことがあります）、ただ、あまりそういう細かい情報は、正直つかみきれていません。当館（＝調布市立図書館）の場合は、書籍は10％引きで購

入します。年度の初めに書店組合と契約をして購入をするという形を使い、本が入るといったらば、それに装備を付けます。本が貸出できるいろいろな装備が必要ですが、この装備代を一冊、一冊に対しお支払いします。ですので、本代を安く購入できるかということでは、ざっくりな計算だと、装備と、割引があったとしても、ほぼ定価、もしくは定価よりちょっと安いかなぐらいのところで今購入できているのが調布の実態ということで、一例をご紹介しておきたいと思います。

では、続いて今村さんへの質問です。課題図書、夏休みの課題図書についての質問のようですが、「毎夏発表されるたびその本に大量の予約がついてしまい処理が大変です。書店で買ってください、もしくはほかの本を読んでみてくださいと利用者に伝えているのですが、立場上難しいです」という質問です。

今村：図書館さん、特に学校図書館の場合、課題図書というのは、20年前ぐらいに営業をやっていたときは、（1タイトルに対する予約については）相当悲惨な状況であるという認識がありましたが、最近は、学校図書館に関して言えば、それほど難しそうな買い方をしてないというふうには聞いています。せいぜい（1タイトル）2冊ずつぐらいということらしい。ただ、いかんせん、点数が多いということで、やはり相当な負担になっていて、小さい小学校なんかでは、それだけで予算をかなり使ってしまうということだそうです。

個人的には、そういう課題図書のあり方はあまり賛成できないので、この20年ぐらいは課題図書を辞退しておりますけれども、辞退してというか、もう来なくなっている（笑）。しかし、そもそもこういうものを学校図書館協議会がやっていること自体、いかがなものかというのは本当に思います。これはもとのところを根本的に考えないと解決しないと思います。リクエストが来るのは当然ですが、それに応じるべきかどうかというのは、それぞれの図書館の良識によるのではないかと思われます。あまり答えになっていませんけれども、そんなところです。

小池：ありがとうございます。結構、課題図書の話というのは難しいことがある。ご質問は、大量に予約が来ちゃうという中で、対応に苦慮しています、ということについてだと思います。例えば当館なんかは、変な言い方ですが、課題図書なんか紹介したことないのですね。当館は、夏休みに勧める本というのは、調布の小学校の先生と図書館の人が相談して、夏休みに勧める本というブックリストをつくって、当館が持っている複本を用意して紹介するのです。そしてそれを学校でも紹介してもらう、というような取り組みをやっています。ですので、

学校で課題図書をやっているかもしれませんけれども、図書館にはそういうのは予約リクエストの要請があまり来ないですね。そういうやり方もあるのかどうか、勝手に営業しています。

続いて、富永さんへの質問です。「図書館では今、棚が足りないという現実問題があります。その中で実用書の棚をつくるというのは難しいように感じてしまいますけれども、一般書の分類は、どれほど細かな知識まででカバーできるのでしょうか」という質問です。

富永：先ほどと同じですが、どれほど細かな知識というか、我々も明確な基準を設けているわけではないのですが、例えばCコードを利用します。このCコードも当然一定のルールはあるのですけれども、単純に言えば、例えば丸善さんがCコードで棚分類しています。だから、丸善さんがこの本をあそこの棚に置きたいんだな、と思ったら、恣意的に丸善さんの意図に合わせたCコードをつけたりすることもあります。その棚にあったほうが、想定読者が来るだろうということですから、それに合わせたコード分類をこちらで用意するわけです。

もちろん図書館分類が絶対的なものということは当然ありませんし、出版社がつけるCコードに関しても絶対的な分類はないので、それぞれの本について、結局その本を見てどういう人が買うのか、どういう人が読むのかという判断のもとにこちらからそれに合わせて分類していく以外ないのかなというのが正直なところです。

そうすると、図書館側としては、明確な基準があるわけではないですが、しかしこれだけ本（のジャンル）は多様なので、それぞれの図書館の利用者の求めに応じて、それぞれの考え方で棚づくりの目途を付けてみる、ということだと思います。冒頭の報告で私が言ったことは、めったに図書館に行かない私が、たまたま夏、集中的に図書館に行ってみたら、図書館の分類法で配架された書籍の中には、図書館の棚を見ただけでは読者、利用者が、求めている本に到底たどり着けないだろうという印象があったというお話です。

ちょっと余談ですが、報告の中で川口市立図書館のお話をして、今日見えていらっしゃいますが、非常に充実した実用書棚分類をされています。あそこの真下に文教堂さんがあるので、文教堂さんは困るんじゃないかというような、ちょっとそんな印象をもちながら見たことがあります。以上です。

小池：川口の駅前にできた図書館ですね。下が本屋さん、上が図書館で、アプローチがすごくいいというところです。ありがとうございます。

では、黒田さんへの質問です。「ネットワークを広げるために黒田氏ご自身はどのようなことをやりましたか」とい

う質問です。

黒田：まずひとつは、どのようなネットワークを広げるのかを考える際に、ターゲットを設定していく必要があると思います。その上で、そのターゲットについての事前リサーチが大事になってきます。

　そのうえでキーになる人を見つけ、まずはその人のところに会いに行って、徹底的に話を聞き、人を紹介してもらうなり、どういう人的な広がりがあるかとか、テーマの広がりがあるのかということを聞き出し、さらに持ち帰って情報をブラッシュアップする。さらに言えば、別な方と話をして、これはと思った出会いがあれば、自分を媒介にして、そのキーになる人同士をつなげていく、そういった先のところまで踏み込んで行けば、多分、ある程度ネットワークが機能的に働いてくると思います。

　出版社が本の企画を出す場合、案外このような人との繋がりや、そこから生まれるいろいろな関係の中から芋づる式に新たな情報などが出てくることがあり、またテーマが生まれてきたりします。本ができるということは、まさにそういう人と人とが繋がることで出来上がった関係の中から生まれてくるものなので、いろんな情報のネットワークを作るというところの出発点としては、その情報に近い人との関係を構築するところから始めてもいいのではないかと思います。

　割と本気になって事前リサーチをしっかりすれば大抵できるはずだと思います。

小池：ということで、やはり人的ネットワークがとても重要ということですね。

黒田：図書館は、とにかく人がたくさん出入りしていると思いますし、さまざまなところに、いろいろな力をもった人が出入りしていると思いますので、そういう人たちをつかまえやすい、つかまえる可能性が高いと思います。

小池：そういう意味では、図書館と編集がくっついたりすると面白いなと思います。

黒田：基本的に編集する力を持つということは、誰にとっても有効なものだと思いますし、重要な能力なのではないかと思います。実は、ネットワークづくりというのもやっていることの半分ぐらいは編集の作業というか、編集そのものだと思っていただいていいと思います。

小池：数年前ぐらいですかね、図書館員の力は、編集の力だ、と言う人もいて、今のお話からすると、図書館に携わる者としては刺激を受けるなと思います。

　では、続いて黒田さんと富永さんのお二人への質問です。質問の趣旨を要約す

ると、選書のときにはTRCの『全点案内』や中央紙や地方紙の書評なんかを見ているけれども、紹介文というのは、どうしても短い。『全点案内』は200字になっていますよね。その中で比較するというのも、実際には例えばアマゾンの評価だとか中身検索とか、そういうのを見ながら本の情報を得ているという場面が多くある。そこで、選書するうえでの目印になるようなところで、「黒田さんや富永さんのところの出版社のホームページや、あるいはPRで、公共図書館向けにはここを見てほしいという点はありますか」ということです。つまり、選定をするときにどこを見て、どこが売りなのか教えて欲しいと。さっき富永さんの話でCコードというお話もありましたが、その辺を踏まえてどうでしょうか。

富永：図書館向けの営業をやっていないので、ホームページに当然、新刊は全点紹介して案内文を付けるなどある程度の宣伝をやっています。ただ、それもそんなに細かくはやっておりませんので、実際、直接のゆかりのない方々が新刊、当社の本の情報を得る手段は情報媒体としてはその程度でしかないでしょう。

　書店さんに対しては、販促用のチラシだとか、そういったプラスアルファのツールはありますが、実際、営業が書店へ出向くこともあります。関心を持っている書店さんは、チラシのようなものにアクセスしています。私の出版社ではホームページに常に情報を置いてありますので、興味のある書店さんはそこへアクセスされています。図書館さん向けに何かあるかといったら、現状ではありませんが、今、当社がようやくやり始めたことは、TRCさんと月例のミーティングをして、その段階で3か月後の商品の分け方とかカバーイメージだとか、そういうものをお伝えして、採択していただけるかどうか、みたいな打ち合わせをするということを行っています。やはりそういった場合、その一次情報をまずやる必要がある。しかし、広く図書館向けに特化してというのは、ちょっと今のところ見当たらないわけです。

黒田：例えばですが、東大出版会のホームページで本の案内をするときに、すべてではないのですが、編集者の一言コメントとか推薦コメントを付けたりとかする場合があります。そこはもしかしたら参考になるかもしれない。

　もうひとつは、類書ですね。既刊の類書ですが、それを幾つか複数、書店さん向けの新刊案内の下に紹介する場合があります。これを見ていただければ、多少分野の広がりというか、つながりみたいなものというのが見える。他社のものも含めて新刊周辺の本などの情報は伝えています。今のご質問をいただいて、もしかしたら、図書館さんへそうした情報提供をもっと明示的に、積極的に、

我々も行っていくべきなのかなと考えていました。

　また、もし可能ならば、司書の方や選書担当の方々と、あるテーマの本を見たとき、ではそこからどういう広がりがあるのかとか、何につながっていくのかということ、図書館の皆様がどのように勘所を働かせているのかについて、われわれ出版社の人間とやり取りするようなことがあってもいいのではと思います。

小池：そうですね、実際に書店さんと出版社の営業さんというのはつながりがあるというのは、当たり前だと思いますが、図書館の人ともそのようなつながりがあるといい。例えば営業さんとか編集では、営業さんを通じて会社の編集に提案したり、企画にいったりすると思いますが、何かそういう関係性が出版と図書館に少しでもできていくと、出版自体の中身にも面白さと言うと失礼ですけれども、中身にも広がりができるかもしれませんね。

黒田：やはり、もう少し丁寧なコミュニケーションが必要なのかなと思いました。

小池：例えば出版社さんって、読書カードがありますよね、本には大体読者カードって付いてきますけど、あれはどういうふうに処理されますか。

黒田：誤植の指摘からシビアな指摘までいろいろあって、かなり参考にします。コピーを必ず社内で回覧しますし、強い指摘を受けたコメントであれば、それを記憶しながら、そのあとの企画を考える上での参考になります。これは結構真剣に見ていますので、ぜひ、読書カードが入っていたら積極的ご意見をお寄せください。

小池：読書カードっていうのは、図書館ではこう……。

黒田：そう、例えばしおり代わりにしている（笑）。

小池：しおり代わりにしないで、読者の一言みたいなものも各社に送り返すときに、最後に「図書館員」とか、「図書現場」とかって書くと、役に立つのかなと。

黒田：緊張して拝見することになります。

小池：（笑）。それが逆に出版社さんからどういうふうに図書館のほうに戻ってくるか、みたいな話は、ちょっとチャンネルがあればいいですよね。富永さんは、本のアピール・宣伝についていかがですか。

富永：これも図書館さん向けではないですけれども、大体、主要な新刊を出すと

きに、まず一番はじめに、POPをつくるんですね。それでまず新刊の特徴を編集者がPOPをつくってアピールします。その後、売れ行きとか評判によって変えていくんですけれども、最初はそういうものをつくって、良い反応があれば一応ホームページに公開してとかというふうになります。

あともうひとつは、プレス向けのリリースについては、これはほぼ新刊用に作るのですが、これをプレスリリースサイトに放り投げています。そこに無料でアクセスできるサイトでやると、その本のプレスリリースが見られるというような仕組みはつくっています。

小池：なるほど、プレスリリースとなると、これが売りだ、というのが当然出ているものですよね。それは各社が行っているのですか。

登壇者：（やっていないの反応）

小池：やっていないところもあるのですね。ちょっとサイトを見て探すという手段もあると。それで、ちょっと今の話で思うんですけれども、だいたい東京で活動している人が登壇していますが、今この会場にいらっしゃる方は、全国からいらっしゃっています。本当に情報が少ない、あるいは本がなかなか届かないというところ、実際に本屋さんがないとか、そういうところの中でどういうふうに

そういう情報をつかんでいくかということについて、もし何かございましたらご意見をお聞かせください。やっぱりホームページとかでしょうか？

黒田：日図協さんが情報発信の媒体になるという可能性はないのでしょうか。

小池：日本図書館協会のサイトを見に来たら、出版社の人とつながりができるということですね。一考に値すると言ったら失礼ですけれども、そういう感じもありますね。それではもう一つ、黒田さんへの「大学図書館は誰のためにあるのか」という質問です。

黒田：難しいご質問をいただきました。

学生の学力レベルというか、大学で学ぶための力が下がっているという話をよく聞きます。なぜなのかは、私自身はなんとも言えませんが、東大のなかでも、何人かの先生方からは、そういう話を聞きます。一体なぜそうなったのかといつも思うんですね。学生さんはあまり本を読んでいないことは確かです。一例ですが、大学生協連の調査では、1か月の本の購入金額が約1,800円だそうです。しかし一方で、勉強する時間が増えている。これは何なんだ、本を読んでないのに、どういうふうに勉強しているのだとすごく素朴な疑問があります。特に大学においては読むことが基本です。学生のレベルが下がっているからといって、新書

だけをたくさん読むだけでは、大学で学んだという証になるような読む力がついたとは言えません。専門書・学術書に至るような、拡がり・深まっていく「読み」の道程が必ず必要なので、大学図書館はそうしたプロセスに十二分に対応するものであってほしいと思っています。そうしたプロセスに参加するすべての人々のために大学図書館は力を尽くしてほしいと考えています。

小池：まず読書ってどう捉えるかということを今、佐藤社長もおっしゃっていたと思うのですが、やっぱり読書って捉え直さないと、いま一度ここを考える時代に今来ているのかもしれませんね。

それでは、佐藤社長への質問がちょっと多いので、これからはちょっと…、すみません、ご容赦ください（笑）。

多く寄せられた質問では文庫本の話ですね。文庫オリジナルというのが、要するに出版が文庫から始まるというものがありますけれども、どういう思想で出版されていますか、という質問です。「思想で」ということですがどうでしょうか。いわゆる新潮社が出す文庫の中で、例えば文庫オリジナルで始まるものについて教えてください。

佐藤：新潮社の例で言いますと、三つぐらいですかね。

ひとつは海外のもので、単行本にすると値段が高くなってしまうので、これは文庫だけで出そうというのがひとつ。

もうひとつは、単行本にしても値段は高くならないが、内容が軽いものなので、文庫だけでいいのではないかと思う場合。はっきり言うと、文庫編集部と単行本編集部は違うので、単行本のほうでは企画として通らなくても、文庫編集部ではやろうということになったということですね。

あとはアンソロジーですね。文庫にすると、やはり売れる作家の方はいらっしゃるので、山本周五郎の古いものを集めて、それを今、単行本の形にする感じじゃないので、周五郎の文庫のラインアップに加える、そういうアンソロジーがあるんです。その三つぐらいですね。

小池：ありがとうございます。ちょっと重なる部分はあるのですけれども、もうひとつ、文庫の購入について、選書で悩んでいるという方からですけれども、同じタイトルの本の場合、通常はハードカバーを優先して買って、文庫本は購入しませんと。ただ、利用者から文庫本のリクエストが来ることがあり、さらにはハードカバーにない情報が入っていれば文庫本を購入するということです。多分、解説とかが付いたりしますよね、そういうことだと思いますが。また、新書版の改題・改編ぐらいであれば、内容はほぼ同じかなと思いますけれども、近ごろはよくわからないものも多いです。文庫本のみ特別書き下ろしを追加している場

合もあるしと、そういう文庫本出版事情というのはどうなのでしょう。

佐藤：単行本だけではなくて、文庫も非常に売れなくなっておりまして、これは新古書店の影響が非常に大きいと思うんですけれども、なので、一生懸命いろいろな工夫を凝らして買っていただこうとしています。

その中で、レコードなど、ちょっと曲も変えて、新しい新譜が出て、「くそっ」と思うことがあるんですけれども、それに似たような手段で、新しい部分も少し加えて文庫として出していくことも考えます。

ただ、図書館さんにとって、親本がある本なのに、その文庫版を買う価値があるか、入れる価値があるかという問題です。解説は文庫にはすべてに付いていますから、そういう理由で購入するとなると全部購入しなければならない。作家が内容や文章を直すということで言えば、例えば、その昔、井伏鱒二さんは、版が改まるごとに全部直していたという方で、そういう人もいらっしゃるので、毎回買い直すみたいなことになってしまいます。そこはやっぱりある程度妥協せざるを得ないのではないかと、そういう気はしています。

小池：ありがとうございます。続いて、今日の説明の資料についての質問だと思うのですけれども、ふたつ続けて申し上げたいと思いますが、ひとつは、「販売部数の落ち込みのグラフが出ていましたが、あれは文芸書だけですか、書籍全体ですか。書籍全体とすると、文芸書と専門書の落ち込み具合はどっちがどう違っていますか」というのがひとつ。

それから、「先ほどのデータでは、『村上海賊』の本が、6,000冊以上蔵書があるとの報告でしたが、2週間を貸出期間とすると、月2回貸出ができます。同様に、販売期間を考えると、大変な冊数が貸し出されていることになりますが、全体の販売部数から考えると、どのくらいの影響になりますか。また、先ほどの重版ができないレベルの図書では、その影響はさらに大きくなるのでしょうか」ということなのですが、いかがでしょう。

佐藤：この部数は、日本の書籍全体の数です。文芸書と専門書とを分類した、そういうデータを私は持っていませんが、文芸書が非常に落ちているのは確かで、書店さんによっては今まで何メートルもあった棚が、いきなり棚一本になってしまったとか、店頭にあった場所が、店の奥に移っちゃったとか、そういう例がいっぱいありますので、文芸書が減っているのは確かだと思います。

専門書については、その部数について、私は答えられないので、どなたかにお伺いを立てたらと思います。

それから、もう一つの、『村上海賊』の図書館の蔵書冊数からすると、どれぐ

らい貸出があるかというのは、もう考えたくもないくらいの天文学的数字というふうに思っています。ただ、出版の経営を支えると、支えていただきたいというお願いをしたところで言えば、実はあのようなベストセラーは、今年の『火花』もそうでしょうけれども、普段本を読まない方が読んでいただけるので、この貸出総数が、すべて本来買っていただけたのではないかと言うつもりは全くありません。逆に、本来買わない方が買っていただいている率が非常に高いですし、また、貸出にも、普段本を読まない方の借入量も非常に多いんじゃないかと思うので、あそこまでの大ベストセラー、50万部を超えていくようなベストセラーは、逆に喜びとしてもいいんじゃないかなというふうに思っています。

　私が一番怖いのは、やっぱり5万部、10万の部数、例えば、ある、これはもう、名前を言えば皆さん、絶対ご存じの方々の本が、あるとき1万2,000部だったんですけれども、その初回の図書館さんのお申し込み冊数が2,500かな、それを月2回貸出で回しますと、これはもうちょっと売れたのではないかと思わざるを得ない。そんな大きな幾万という数字じゃなくて、初版止まりだったんですけれども、それが、この貸出がなければ重版できたんじゃないかなと思う。小さな部数の、3,000部とかじゃなくて、先ほど申し上げたように、1万から10万部というような、そういう本のところに

出版社が非常に今苦労している、著者が、もうちょっと売れたんじゃないかと思いたくなる、そういう本がいっぱいあるというふうに思います。

小池：どうしましょう、専門書の話をお願いします。

黒田：全然単位が違うので話が難しいですが、二十年前とか十数年前は、学術振興会研究成果公開促進費というのをもらって出す学術書ですと、東大出版会では、大体そのときは1,000部程度初版をつくっていました。実売で、大体当時で8割ぐらいだったでしょうか。今現在、その初版部数は600部というレベルです。

　その分、では何が変わったのかというと、図書館さんとかで、例えば、昔は三つの図書館で3冊買ってくれたのが、どこか1冊買って、それを相互で利用するというような可能性が考えられるかなとは思うのですけど、また必ずしもそうとばかりも言えないかなと思います。もちろん書店店頭での売り上げは実際に落ちています。少部数の本は価格が高いのですが、100部・200部の違いが価格に与える影響が大きいので、影響という点ではそうしたことが大きいと感じています。例えば、初版600部である程度頁数のある本だと1万円ぐらいになる可能性は十分ある。そうすると、これはもう本当、ここにいらっしゃる方、皆さ

ん買えないということになりますね。このような状況は、多様な出版物の再生産につなげていくということでは、かなり厳しい環境にあることは間違いないかなと思います。

小池：昔は初版1,000部でも、図書館がそこそこ買ってくれていたけれども、その図書館が、例えばそれを買わなくなった。そうすると、もともと見込んでいた出版部数がそもそも出せなくなっている、という話ですよね。そのときに今素朴に思うのは、その読者というのはどうなっているのか。

黒田：多分一番の問題は、研究者が自分の研究対象となる分野の一回り、二回り外に対して興味がなくなっている、もしくはそこまで考える時間がなくなっているという状況があってその影響が大きいと思っています。そのような状況をどう改善していくか、私たちの一番の課題なのではないかなと思っています。図書館の皆さんのせいにしているわけでは全くないので、ご理解いただければ（笑）。

小池：そもそもそれは読む人自体が少なくなって、きっと図書館もなかなか買い控えてしまう。そうすると、部数が少なくなってくると単価が上がったりする。そうすると、さらに買わなくなるという負の循環かなと思いますが、これはひとつの考え方ですね。

すみません、時間もあまりないのですけれども、ここで、先ほど佐藤社長のコメントに関連する話だと思うのですが、こんな質問です。「新刊の貸出期間を制限するという提案のうわさもよく耳にするが、そこまですべきと考えるのか」ということですね。「ジャンルにもよることなんですが」ということですけれども、いかがでしょうか。

佐藤：うわさは、事実でもあり、間違ってもいるというのが答えになりますけれども、ずいぶん前に樋口毅宏という作家さんが、半年間の貸出容赦をお願いします、というふうに本の後ろに書いて、どこかの図書館さんが、わかりましたといって貸出をしなかったという出来事があったんですけれども、今ここまできて、何人かの著者の方たちと何社かの出版社とでは、やっぱりそういうお願いをするべきなんじゃないかという話はあります。

ただ、それはよく誤解されるんですけれども、本の貸出を図書館さんが全部自粛とか、そういう話ではなくて、著者と出版社が合意した、ある特殊・特定の書目だけ、図書館さんには事前にお知らせしますので、それを半年か1年間、貸出猶予をお願いしたいと、しかも、それは規制とか制度的に何かということではなくて、あくまでお願いベースのことで、どういう形のものにするかは、まだちょ

っとわかりませんけれども、声明という形になるのか、お手紙を出すのか、わかりません。ただ、著者が、本当に今言った部数を書くような著者の方々であり、2万とか5万部とかの本を書いていらっしゃる方々は、もう何かやらないとまずい、下の後輩が育たなくなってしまっておりますから、そういうお願いをするべきだろうというような思いがあるんです。

小池：ありがとうございます。半年か1年かというのは、期間の問題はあるとしても、それを例えば図書館が手に入れられなくなるということはないようにしながらも、ただ、図書館で購入しても、それを貸出はしないで、館内閲覧にとどめるということをお願いしたいと、そういう内容のものを今後やっていくかもしれないと、そういう趣旨ですか。

佐藤：まあ、お願いをしたいと。おっしゃるように、資料だというような、資料というものとして、扱ってもらう考え方です。

小池：なるほど。その話はなかなか滅入る話で（笑）、貸出をしないでくれとか、そういう話があるということですね。

あと、佐藤さんのほうでこれは答えましょうという流れでお話しいただいているのが、ふたつありまして、ひとつは、「私が勤務する図書館では、貸出日数から計算して、貸出まで1年以上時間が必要な場合は複本を購入していく、佐藤さんは、どの程度ならば複本を持っても可とするのか、参考までに教えていただければ」というものです。

佐藤：考えたことがなかったので即答ができませんが、そういうのって数字にはなるんですけれども、数字よりも何かこう、もっと違う基準があったほうがいいんじゃないかなというふうに思います。それは、図書館さんの地域の特性にもよるでしょうし、もっともっと、選書もそうなんでしょうけれども、その複本を買うかどうかという判断も、もっと恣意的に、と言うと変ですけれども、おやりになっていただいて構わないんじゃないかと思います。

小池：例えばさっき資料の中で、調布は紹介がありましたけれども、調布市の場合、例えば文芸書、そもそも予約がたくさん来るのは文芸書がほとんどなので、文芸書について言えば、20冊程度までは購入しようと、先ほどの資料で言えば22冊ということになっていましたけれども、20冊程度というように考えて今やっています。

そうすると、例えばそれに何人予約がついたかといったときに、村上春樹とかだと、多分1年待ちという状態、22冊買ったとしても1年待ちという状態になっているという状態です。

今回の『火花』ですがね、あれなんかだと今、このまま普通に動いたら、2年や3年待つのかなというぐらい複本は予約の状態ですね。ですので、20冊ぐらいまでにしましょうと、それ以上待つというのであれば、待ってもらいましょうという感じで、あまり複本を増やさないというところでやっています。

ですから、それは東京の調布という比較的大きい図書館でいえる話であって、やはり先ほどの資料にあったように、小さなまちで複本を、じゃあ1年待たせるから、というような話には当然ならない。それが多分おっしゃっている、その図書館の置かれている地域性や何かなのかなというふうにちょっと思ったのです。

前に東京国際ブックフェアで、そこで名取の図書館の館長さんがおっしゃったことがありますよね。聞かれた方がいるかと思いますけれども、私は、複本は基本的には買わないと、それから、例えば寄贈の本を持ってこられても受け取らないと言っていましたよね。ちょっと寄贈についての話はここでは詳しく話しませんが、それはなぜって聞かれたことに対しては、やっぱり地元の本屋さんで買ってもらいたいから、買ってもらって地元の本屋さんを支えたいからと私は思っている、というお話を館長さんはおっしゃっていたということがありました。これは、「みんなの図書館」で菊池さん（筑摩書房元社長）が書いて紹介していますので、もし文字で確認したい方がいれば、「みんなの図書館」の10月号だったと思いますけど、そこでも紹介されている話ですね。そういう考え方を持って運営している図書館もあるというお話です。

もうひとつ続けて佐藤さんのほうで、これはこういう実態を知ってほしいということですが、「当館の文芸書をよく利用するユーザーの方は60代以上の年金世代であり、楽しみの読書のために書店で買う本はほんの少しで、図書館で借りられるから読書ができる」と話す方が多いといいます。つまり、ベストセラーの予約を入れるのもやはり年配の方が多く、若い世代の20から40代は図書館を利用していない方が多い、ということですね。こういう実態があるということについていかがでしょうか。

佐藤：この話になると、櫻井よしこさんのお話がありまして、あるパーティーで、とてもおきれいな格好をされたマダムが、櫻井さんに「全部読んでいます、最高です、櫻井さん、頑張ってください、ただ、ちょっと待つのが玉に瑕なんですよ」っておっしゃって（笑）。櫻井さんは、最初は喜んだけど、これはがっくりきたと、図書館で全部借りていると。

これは銀座のある有名な超高級店の奥さんだったんですけれども、そういう方は、やはりぜひ買っていただかないとまずいわけですね。それが海外だと、ノブレス・オブリージュとかいうことでし

ょうけれども、そういうことをかなり批判されるのではないかと思われます。日本にはそういう文化がありませんので、堂々と著者に話し掛けられるわけですけれども。それは図書館で借りて良かったと言う方ももちろんいらっしゃると思うんですけれども、今、日本の経済がもう大きくは発展しないようになっている中で、まあいろいろだなと。単純にいいとも悪いも言えないんですけれども、そういう例もあるので、いろいろなことをほどほどがいいんじゃないかなというふうに思います。そのぐらいです。

小池：ありがとうございます。今のお話で、やはり読者というのが今変化している。個人的に前から思っているのは、やっぱり1970年代以降、出版点数、あるいは販売数というのがすごく増えてきている、この現状の中で本を読むという行為自体がやはり変わってしまったのだと思います。それは多分、文芸書もそうでしょうし、学術書に対する思い、また、実用書に対する思いというのもあるのかなということですけれども、無意識に購入者自体を「消費者」と同一視してしまった、それをさらには「読者」と今まで呼んでしまっていた。しかし今日、50年ぐらい前に思っていた「読者」層とはなんか違ってきている。消費者的に本に触れる者に対しても「読者」という同じ言葉で語っているから何か混同しているように思います。読書することは本を商品として消費する事ではなく、また、読者は消費者にはない特別な意識を持ってもいいのではないかとも言えるのではないでしょうか。さっき佐藤さんが紹介されていたように、やっぱり読書というもの、図書館は読書のところだよといったとき、それは正しいわけだけれども、ちょっとやっぱり「読書」の意味合いをもう一度確認し、図書館をめぐる様々な環境においてはこの社会もそれを確認していかないと、この話は堂々巡りなのかなという感じがします。

　最後におひとりずつ、コメントをお願いします。

富永：あまり知識のない中でこういうところでお話しさせていただいて、私のほうが勉強になりました。図書館さんのアンケートから、図書館さんの持っている、当然それぞれの立場、それぞれの状況による悩みというのは、何となく聞いていましたけれども、こうやって実際のリアクションとしていただけると、非常に考えることがいっぱいあったんだということとともに、仕事ベースで言うと、実用書は、図書館さんをマーケットとして、もっともっとアピールをする余地もあるなと、そんなふうには感じます。

黒田：出版社の言葉というよりは、一出版事業者、一人の本好きとしてお願いというか、こうあってほしいなということをひとつ。やはりレベルを下げないでほ

しい。レベルを下げて間口を広げるということと、いい読者を引っ張り上げることは多分違うことだと思っています。図書館というのは何のためにあるかという、そもそも論になってしまうのですけれども、これからの10年、20年先を見通して、レベルは絶対に下げないこと。そしてその下げないレベルを軽々と越えていく読者を次々と生み出していくための取り組みをできれば一緒にやっていければありがたいなと、思っています。

今村：抽象的な話になるんですけれども、やっぱり公共図書館というのは、いわゆる民主主義の原理原則みたいなものが一番表れているというか、本来実現されなくてはいけない場だと思うんですが、結局、先ほど佐藤さんがノブレス・オブリージュということを言われましたけれども、やっぱり戦後の日本というのはそういう民主主義のエートスというか、そういうものを形成してくるのに失敗したというか、怠ってきたというのがここへ来て出てきたという問題だろうと思うんですね。

　これはそんなに簡単なことではないし、やはり、いまひとつ民主主義社会の中で皆が一緒に生きていくということの禁欲というか、ある種の実践みたいなものというのは、やっぱりどこかでもう一度考えないと解決しない問題じゃないかと私は思います。非常に抽象的で申し訳ありません。

佐藤：皆さん、今日はありがとうございました。これからも図書館とは協力的になって、いろいろな言いたいことを言っていきたいと思います。どうぞよろしくお願いします。どうもありがとうございました。

小池：どうもありがとうございました。これで終了とさせていただきたいと思います。今日は参加いただきありがとうございました。

　　　　　　　　　　　　　（終了）

《別添①》

会場で答えられなかった質問への回答

【調布市立図書館　小池信彦氏への質問】

Q．見計らいの本は返品して、本はTRCから購入するということですが、ずいぶんアコギな商法に思えますが。

A．説明不足だったと思いますが、調布の場合、市内書店組合が図書購入契約先です。日本出版販売から見計らいで送品されたものは、購入しなかったものを除きそのまま購入します。見計らい送品がなかったものや追加で購入するものは書店組合から購入しています。

Q．現物選書の限界についてどのように考えていらっしゃいますか？　限られた品物のなかで見て選ぶことが大事というのは問題があるような気がしますが。

A．現物だけから選んでいるわけではありません。毎日発刊されるものはリスト化されて届きます。現物の送品がないものは、出版社のサイトなどを確認しています。また、送品がないもので現物を見たほうがよいと考えるものは、購入を保留して、書店店頭で確認することもあります。

Q．選書は専任職員が行うべきと考えていますが、利用者を知るカウンター職員は非常勤の方が多い。専門家が責任を持って運営する図書館であるべきでは？

A．ご指摘の状況は望ましいと思います。当館は職員も窓口に出ています。

Q．公共図書館の予算規模に応じてジャンルの専門性が要求されると思うが、どのように組織して育成されているのか。

A．予算規模に応じて職員体制も作られていれば、選書を担当する職員は増えると思いますが、分科会で説明したように、非常勤への置き換えが進んでいる現状もあるため、個々の図書館によって状況は違っていることは想像できます。当館の場合は、中央図書館職員を児童も含め5グループの分野に分けて選定会を行っています。非常勤は入りません。選定会の準備、議論のなかで選書の感性は養われると考えています。

　ジャンルの専門性ということですが、ジャンルの特性ということは意識すべきとは考えます。

Q．利用者教育をもっとすべきと思いますが、教育というほど上からではないやり方はないでしょうか。

A．教育をどのようなイメージで考えるかによりますが、ご指摘にあるように、"上から"ということは本来、教育ではないと考えます。今回の分科会では、読者がキーになっていたと思います。図書館を利用するであろうすべての人が同じ考えで図書館を利用するべきだということはおかしな話になります。楽しみもあるでしょうし、困ったことを解決するヒントを求めることもあるでしょう。多様な利用を受け入れることが大切ではないでしょうか。

Q．選書した本を購入するとき、見積もりをとって購入価格を安くするようなことはしないのか？

A．一回ごとに入札することは一週間単位で購入する図書館としては事務が煩雑でかえってコストがかかると思います。図書の購入が、版元、取次、小売りのつながりで行われ、品切れも含め個々の図書の状況が常に変化するなかでは一回ごとの入札は難しいのではないでしょうか。

【新潮社　佐藤隆信氏への質問】

Q．図書館の予算は来館者数だけできまりません。書店にすべての本が並ぶわけでもありません。図書館が購入するから売れない、というのは短絡的だと思います。読まない人はどんな状態でも読まないと思います。

A．図書館が購入するから売れない、という短絡的な主張をしているわけではありません。多様な資料を所蔵し、様々な利用者のニーズに応える図書館の役割から見て、人気本の貸出以外にも力を入れるべきサービスがあるはず。人気本の売り上げが多様な出版活動の土台になっているので、その種の本の貸出には一定の配慮をいただきたいというのが趣旨です。

Q．図書館がベストセラーの蔵書を減らせば少しは販売数が増えると思いますが、気軽に予約する人の何割が借りなければ購入するとお考えですか？　おそらく1割にも満たないと思います。ただ、読まない人は減るだけだと思います。

A．人気本の蔵書が減り、貸出猶予を行えば、すぐに販売数が増えるなどとは考えていません。貸出中心主義は「中小レポート」以来の長い歴史があります。話題の本は借りて読むのが習慣になった利用者は多いでしょう。その習慣が少し変わるように、「本は借りて読むものではなく、買って読むもの」という常識を育てて、図書館

と書店が役割分担し共存することを願っています。

Q．TRCの「ベル」本をどう思うか？
A．便利な仕組みだと思う一方、図書館司書の方々が専門性を発揮して選書することが第一だと思います。

Q．公共や学校図書館の活動が衰退すると読書を楽しむ層まで減少するのではないですか？　私たちの周りには本以外の娯楽があふれているからです。
A．仰る通り、本好きが減少するのを図書館・出版社は協働して止めなければなりません。話題の本の貸出以外にも大事な活動があると思います。それを一緒に考えたい。

Q．文芸書を良く借りる利用者は主に60才以上の方です。年金世代は「図書館で借りられるから読書ができる」と話す方が大勢です。ベストセラーの予約も年配の方が多いのです。
A．貸出猶予等の措置をお願いしたいのは、ごく一部の新刊だけで、期間も1年程度です。読むべき本は図書館にたくさんあるでしょうから、年金世代の読書意欲をそぐことにはならないと思います。年金世代の要望に応えることも大事だと思いますが、彼らより貧しく、読書習慣がない若い人たちをどう本好きにするかも重要な課題ではないでしょうか。

Q．文庫オリジナルについてはどういう思想で出版されていますか？　複本については苦慮しています。住民からの要望も強い、また品切れになる不安もありあります。半年後の入手が確実であれば猶予があっても良いと考えます。仕組みはあるのでしょうか。
A．（文庫については会場で回答）半年後の入手、という点については対応する仕組みに致します。

Q．「図書館はちょっと不便な位がよい」仰るとおりと思います。最近は検索・貸出重視の傾向からレコメンド機能もついた図書館システムも開発されているようですが、やり過ぎと考えます。雑多な情報の海から、自らの手で宝物を見つける、図書館はそんな場所であって欲しいと願います。
A．利用者が話題の本だけではなく、多様な本に触れる機会を作っていただくよう、

司書の皆さんには頑張っていただきたいと思います。出版界も書誌の一層の整備等でお応えします。

Q．データでは『村上海賊の娘』は 6,000 冊以上の蔵書があるとの報告でしたが、2 週間の貸出期間で月2回貸出ができます。全体の販売数からはどのくらいの影響になりますか？ また、重版できないレベルの図書では影響はさらに大きくなるのでしょうか？

A．予約が膨大に積みあがっているのは『村上海賊の娘』等の大ベストセラーだけではありません。初版2、3万部の人気著者の新刊も同様に予約されています。それらの売り上げが日常の出版活動の土台になっているので、読書需要が図書館で満たされてしまうと重版が難しくなり影響は大きくなります。

Q．「公立図書館における書籍の貸出が売り上げに与える影響について」（中瀬大樹 2012/12WEB で読める）には「図書館による貸出は売り上げに対して正の影響を与えていることが実証された」とありますが、どのように感じられますか。読書自体がさかんな地域という考え方はあり得ませんか？

A．言及されている研究は、あらゆるジャンルの本の全ての図書館貸出と書店売上を対象にしていますが、我々が問題にしているのは「話題の新刊の貸出」であり、その種の本があらゆる地域の図書館の予約上位にあり、常に貸出状態にあることに懸念を抱いているのです。読書意欲が高い大都市周辺では図書館貸出数と書店販売額が共に高いというのは良く聞く話です。

【新星出版社　富永靖弘氏への質問】

Q．本を読んで調べるという行為自体廃れているのでは？

A．減って行くことは確かです。今のように類書が百花繚乱とした状態はなくなるでしょうが、消滅はしないので図書館としてそろえる価値はあると思います。

Q．基本の基本的な実用書は出版か？

A．上記と同様に減りますが、需要は無くなりません。その時代に合った「物事の基本」に対応する本作りがあります。

Q．公共図書館のほとんどが十進分類法です。この考え方は体系立てて本を並べるための重要な手法です。大元の考え方は変えずに実用的な本として並べることは可能

ですし、利用者はきちんと手に取っています。
A．すべての図書館に求めるものではありませんが、実用書的な棚があると利用しやすい図書館もあるのでは無いかと考えています。

Q．出版社と図書館では書誌分類が違うということですが、どのように違うのか？　と疑問に思いました。ほんとうに違うのでしょうか。
A．第2部でも答えたように、出版社は商業的に考えるのでそこが一番異なると思う。また出版社や書店の中では、同じジャンル・テーマでもレベルの違いにより分類が異なる—専門書と入門書では棚や売り場が異なる—と考えることがあります。
　例）同じ人体をテーマにした本でも易しければ家庭医学の棚、専門的であれば医学書の棚に置く。また、書店の中には、発行元での色分けもあります。同じように入門レベルでも医学書院発行は医学書の棚、新星出版社発行は家庭医学の棚など。

Q．出版社として考えるものと、図書館の分類が違うのと何か弊害がありますか。
A．報告でもお話ししたように、私にとって意外な商品が意外なジャンルに置いてあるということがありました。例）「赤ちゃんの名付け」が哲学あるいは総記といった棚にありました。

Q．選書の際の情報は「週間新刊全点案内」、主要紙・地方紙の書評が主である。紹介文が200字程度では内容を知ったり、比較することが難しい。HP上やPR方法でとくに公共図書館向けにここを見て欲しいという点はありますか？
A．第2部でもお答えしたように、図書館向けではありませんが、書店向けにPOPを作成したり、マスコミ向けにプレスリリースを行っているのでHP上で参考になれば幸いです。

Q．図書館では棚が足りないという問題がある。そのなかで実用書の棚をつくるのは難しいと感じてしまうが、出版社の分類はどれほど細かな知識までカバーできるのかを聞きたい。
A．上記と同様に出版社の分類には商業的意図があります。

Q．「この一冊をきっかけにより深い世界へ」図書館の選書もまさにこれと同じ思いで行っています。方向性がかぶると、出版社の利益を侵害してしまう気もするのですが。

A．もともと図書館と出版社は相反する部分と互恵する部分があると思います。その割合は出版の性格により違うでしょう。

【偕成社　今村正樹氏への質問】
Q．魅力ある蔵書、選定に出版社は関与したいのか？
A．蔵書選定に関与したい訳ではありません。司書の皆さんに望んでいるのです。

Q．日本はとくに識字率が高いといわれているが、海外において子どもに向けての図書館の役割はとはどのようなものなのか。
A．多民族国家において特に、多様性を保ちつつ国としてのアイデンティティを形成する役割が期待されます。

以上

《別添②》

出版界から図書館界への質問　来場図書館関係者からの応答

　分科会開始前に、日ごろ出版界が図書館に対し抱いている疑問を来場の図書館関係者へ投げかけた。以下は、来場図書館関係者から寄せられた声である。

1　新刊以外に既刊書も購入してもらいたいのですが。
- 出版目録の提供の機会を豊富にすることも大事（共同郵送方法も）情報がなかなか手に入らない地方の状況もあります。
- 新刊以外のものでも、蔵書として必要なものは購入しています。
- 既刊書はもっぱらリクエストが中心。見計らい、リスト選書とも新刊ないし1年以内に出版されたものが中心になっている。既刊購入は可能だが選書する機会が少ない。
- 可能だが、すでに検討済みで所蔵または非購入の場合が多く、図書目録での案内は見る気がしない。目録の中に〇〇年の新刊などわかりやすく表示してもらいたい。
- TRCの「新刊全点案内」に依存しすぎていると感じています。既刊書もチェックするよう心がけていますが、各分野に通じた人材が不足しています。
- 必要と判断されれば購入することもあります。新刊書だけ購入しているわけではないです。
- 既刊書の購入も大切だと思います。図書館では古くなった本、汚破損の本など、買い換えて蔵書とする場合もあります。その場合、自館の蔵書構成をどう考えるかによります。
- 必要分野は購入していきたい。ただ、既刊本についての情報は新刊書に比べて圧倒的に少ないので選定が難しい。また、品切・絶版も多く、新刊で購入しなければ、という焦りもある。
- 地域ごとに住民の好みがある。その好みは地域の特色なのでその分野の既刊書を購入することが特色につながる。
- 公共図書館として長期にわたって所蔵しておきたい本は買い換えもおこなうし、汚破損・紛失等による欠本補充もおこなっている。息長く販売し続けてもらいたい。
- 理工図書は行っている。
- 児童書、絵本の図書館ですので既刊書が重要です。品切れの回答が来てもお願い

して最後の一冊を出してもらいました。新刊より既刊書です。
- 利用者のリクエストはほとんどが既刊本ですので、購入しないことはない。
- レファレンスやリクエストに応じて購入を検討しています。しかし、新刊購入の選定に時間をとられ、各出版社の既刊書を検討する時間がとれません。
- 買い換えが必要で、既刊書の購入をするとき、品切・絶版で入手できない残念さを味わいます。アクセスが長く保証される安定感が大切と考えます。
- 図書館としては利用者が求める既刊書は必要で、前向きに購入している。
- 必要だが、年々資料費が削減されるなかで買い換えもままならず、蔵書見直しによる補充は限定的になってしまう。

2 図書館で文庫や新書を蔵書することは必要ですか。

- 必要、とくに新書はオリジナルで新しい知識があるので必要。ただ、「買う」という行為が新書に必要なのは理解できる。
- 必要、同時出版ということも利用する人には魅力だが、文庫化までのタイムラグがもう少しあっても良いと思う。
- 図書館にはさまざまなお客様がいる。重い本より文庫本を好まれる方、新書でホットな話題を読みたいという方（がおり）、（それぞれの）蔵書が必要。
- 文庫は単行本と重なれば制限すべき、新書は必要。
- 文庫を図書館は必ずしも歓迎しないが、分厚い本は文庫で手軽に読めるということが喜ばれる。文庫オリジナルもあるのでもちろん必要。
- 新書は読者が多いので絶対必要。文庫は単行本と同内容であれば購入しない。
- 単行本での刊行がないのであれば、形態を問わず必要。保存を考えれば単行本で収集したい。文庫化された後は品切れ・絶版になるケースも多く、オンデマンドで良いから単行本でとは思う。
- 新書は、その形態でしか出ていないので必要。入門書としても必要。文庫は複本問題解決のため、短期で蔵書するのはやむをえないと思う。
- 必要。新書は学術書までは読み切れない人にとても有用な形態、高齢者は軽くてめくりやすい文庫を好む。文庫での改版、解説等研究者にも重要。
- 文庫オリジナル、単行本との違いで利用者から文庫を求められるので必要。
- 値段の問題ではなく、利用される方が持ち歩きに便利と文庫を選ぶときもあるので必要。単行本があっても文庫を購入する理由となる。
- 新書は著者の実績を見て判断する。
- 手軽な教養の資料として必要なもののみ、所蔵すれば良いと思う。単行本で所蔵

しているものは不要。
- 利用者の要望は強いので、ある程度は必要。
- 文庫は要らないのでは。
- 図書館の必要というより、利用者のニーズがあることが購入の理由。文庫→単行本の品切れ→買い換えは文庫で→他の文庫へも波及。
- 内容による。形態は重要視しない。
- 形態としてみた場合、それほど必要ないのでは。文庫でしか買えないということや、需要も多いと買わざるを得ないという感じ。
- 新書は新しい情報を簡易に読めるという点で図書館には必要。より詳しい本が出るまでの情報源と考える。文庫は加筆・解説・オリジナル等があるので必要。
- 文庫オリジナルや増補版は単行本と同様の価値があるので必要。新書は世相を如実に反映しているので、すべてではないが必要。

3　図書館利用は無料が原則ですが、部分的な有料化は考えられますか。
- コピーサービスや郵送サービス。
- 今のところ考えていない。
- 考えられない。貧困化している今、知る権利を守るためにも難しい。
- 一般書貸出の有料化は考えていない。
- 受益者に特化したサービスは有料化も考えるべき。娯楽性の強いものは有料（民営）でおこなう範囲ではないか。
- 基本的人権の一つに知る自由が保障されている。これは堅持したい。有料化は考えられない。
- すぐには難しいと思う。しかし、サービスによっては今後検討せざるをえないと思う。
- 図書館は無料であるべき、考えられない。
- 欧米のように貸出期間を延長したい場合は課金するなど、利用者がプラスアルファのサービスを求めたときにオプション扱いとしてやってみたい。
- コピーサービスは有料でおこなっている。資料の利用そのもので課金するのは難しい。
- 利用するものの内容により可能だと考える。
- 資料の保存・閲覧・貸出・予約については無料を守るべき。市民の学習、知る機会の提供のため。それ以外では有料化の余地はあるかもしれない。
- 美術館・博物館が入館を所蔵展示品の保護・保存に役立てている。図書館も講演

会などのイベント等を有料にして保存に役立てるのは考えて良いと思う。
- 有料化した場合、料金を払うことができないけれども情報を求めている方々へのサービスをどのようにするのかが問題。
- すべての人が使える図書館の立場からは難しい。全国の図書館員に「時には買おうよ、自分のための本！」キャンペーンを展開する方策を考えたい。図書館は定価で本を買うべきとも。
- 有料化は考えられない。
- 貸出サービスは無料が原則だが付加価値のあるサービスは有料化でも良いのでは。
- 考えられる。有料DBの利用等。
- 自治体の考え方次第だと思う。自治体は無料にこだわっている。法的な面も大きいとは思うが。
- 図書館法で無料原則が定められている以上、サービスの根幹に係わる部分の有料化は難しい。駐車料金、物品販売なら可能と思う。
- 考えにくい。ひらけた資料の提供という場としてあるので、特定の資料だけが有料というのはどうか。
- ペーパー・バックの有料化などは考えられる。
- 図書館法があるので考えられません。

4　図書館で利用者に刊行予定・文庫化・在庫等の出版情報を提供するのは難しいのですか。
- 図書館でもっとも重要で、一番不足しているのは「出版情報」ではないか。
- 可能であると思う。本屋さんがつぶれている分、担っていかなければ。
- 可能性有りだと思うし、有効な方法だと思う。
- 難しくないと思う。図書館で借りて読みたいという方もいるが、広く本の情報が知りたいという方もいらっしゃるのではないかと思う。
- 可能性は高い。地元の書店との協力という枠組みであればなお良い。
- 不特定多数の利用者に向けてはデータ量の問題から難しい。希望しない人もいる。単純に紙の案内を館内のどこかに置くことはできると思う。
- 難しいことはない。むしろ、図書館でその情報を提供したいと思う。但し、そのルートを確立する方法を考えたい。
- 刊行予定＝購入見込みとはならないので、利用者に誤解されない情報提供ができるかどうか。それが解決できれば面白い試みだと思う。
- ネットでわかりやすく書かれていれば利用者には伝えやすいが、わりとはっきり

- 書かれていないことが多いので提供しづらい。
- その情報がなぜ早く必要なのかが説明できる専門家（司書）が仲介してくれるのであれば良いと思う。
- 出版社によって情報がしっかりしているところもあれば、していないところもある。Books.or.jp は役立ちます。品切れ・重版未定情報は購入前提の問い合わせが必要のためハードルが高い。
- 問題はないが、必要としている利用者は少ないと思う。
- 出版社と図書館が協力すれば可能ではないかと考える。
- 現在の図書館ならではのサービスのひとつとして、本が出ること・買えることも知らせていくべきだと思う。所蔵が無いときは書店の在庫を伝えることもある。
- 不要と思う。リクエストが増える。購入費減少の折、困難である。
- 難しくない。むしろ情報提供すれば喜ばれると思う。
- 定型化されておらず扱いにくいだけ。書協とか公共性のある団体からまとめて送って欲しい。
- 紙面での提供ならば、できる館はあると思う。
- できるとは思うが、発売前にもリクエストを受けているので事務が増えすぎそうで現状ではちょっと。
- 可能。情報提供するべき。リクエスト処理が間に合うかという問題はあるが、図書館は情報を出すべき。図書館としても必要な情報である。
- 公的機関であるため、私企業とのつながりがどれほど許されるのかが難しい。
- 可能であるし、窓口でも良く尋ねられる。

5 資料費が十分ではないのは知っていますが、増やすための手だては。
- 公共図書館で選書の良さを新聞でアピールし、翌年1,000万の増額につなげた。
- 市民の目的寄付（ふるさと納税等）、他の事業とのコラボレーション、支援活用も方法のひとつ。
- 重要性を自治体担当者に認識してもらえるような情報提供、展示などで発信していくべき。アクション無しでは図書館のことはわかってもらえない。
- シーリングが厳しく、開館日数を減らして水光熱費や委託経費を圧縮しなければ資料費が守れないという声も聞かれる。
- 人件費より、資料費を守るという方策しか採られていない。人件費を削る→人が減る→選書が疎かになる→利用者のリクエスト頼みの悪循環。
- 市民の満足度を高め、声をあげてもらう。メディアへの露出を多くし図書館の存

在を知ってもらう。
- 既刊書が品切れだったので古書を買ったときがある。品切れでなくても古書もありなのかなと思った時がある。
- 選書の質をあげ、購入した資料が良く利用されていることの数字をもって、予算の交渉に当たっている。
- ベストセラーの本はとくに寄贈を募っている。
- 際限がないので、一定の制約の下で蔵書構成を考えるべき。増やそうとすると人件費が削られ民営化になってくるのでは。

6　来館者数や貸出数は重要ですが、図書館でのサービスを測る指標には他にどのようなものがあるでしょうか。
- 一般書を紹介した件数と冊数、図書館員が講師となった読書会の開催回数。
- レファレンス対応数、イベント参加者、アンケートによる満足度調査。
- 利用者の満足度調査を定期的に（行っている）。
- レファレンス件数、利用者の声、地域イベントへの参加、行政への協力。現在では「課題解決」を重点化しており見直しの方向にある。
- 実利用者数、利用者満足度、蔵書回転率。
- レファレンスサービス件数、件数では測れないが、障害者サービスの充実等誰でも使える情報提供施設として住民に支持され理解されているという意見。
- 図書館での読書の成果が表出したもの、学習成果でも評価されるのが良い。
- 所蔵タイトルの稼働率。利用されない本の冊数を少なくする努力と工夫。
- 一人当たり滞在時間。
- 利用頻度。

7　近年、図書館でおこなわれているイベントと読書推進の関連について知りたい。
- 講演会が必ずしも著者の利用増加にはつながらないが、「読書会」を行えば、その著者の別の本も含めて参加者が増える。「読むことの実態化」が必要。
- 図書館資料に結びつくことを目的としてすべてのイベントを企画している。あまり本を読んだことがない利用者にとってイベントを通して面白いとか関連本をと考えるきっかけになればよい。
- イベントに来られる方に、そのテーマに関連した図書・資料への「気づき」をもたらす効果はあると思う。
- 本を身近に感じ、図書館に可能性を感じ、知的好奇心を刺激してくれるもの。も

っと実施を。
- 「本を読む」という人間は実はかなり限られていると感じている。図書館の利用率は高いところでも20％程度。イベントを介して本にふれてもらうのは読書推進のきっかけになる。
- 「著者を囲む会」で地元の書店に著書を販売してもらう等。書店・出版社・著者・読者とともに機会をつくると良いと思う。
- 「調べる学習コンクール」に力を入れている。夏休みのレファレンスで司書が「調べ方講座」を開いたりしている。中高生の自由研究もカバーできるようにするのが課題だ。
- 「読む力」を育てるようなイベントがあまりなされていないと感じる。
  関連した資料を紹介することで利用者の知的好奇心を拡げ、結果読書推進になると考えている。
- 図書館も生き残りのためにイベントを打つが、それによってあまり推進されているとはいえないと思う。読まれる本も偏っている。
- イベントによって来館者を増やそうとしているが、読書推進に結びついているとは思わない。
- 子どもたちの読書推進などは図書館と本屋が連携すれば良いと思う。

8　図書館の分類と出版社での分類が合わないケースがありますが、解決は難しいのでしょうか。

- 海老名図書館のCCC分類が効果を上げているとは思えなかった。「かたまり」をつくる工夫をすべき。
- NDCベースだが、配架の工夫、キーワードや件名を生かした組み合わせで多様な区分別の置き方、折り合えるところは多々ある。
- 解決すべき問題だろうか？　分類は内容の分類でもあるが、置き場所から分類するものと考える。複本がないので、同じ本を図書館によっては違うところに置くこともありえる。
- テーマごとの企画展示を多くやっている。
- 分類するという観点が違うので難しいのではないか。
- 特定の分野だけを収集する図書館でない限りあまり問題にならないのでは。
- NDCが完璧ではないので出版社分類と違っても仕方ないかも。
- 司書は納入された本のデータと内容が一致していないと感じれば、移動することを心がけているが、本と分類データがセットの現状、すり抜ける場合もある。改

善したい。
- さほど問題になるとは思えない。
- 図書館は分野ごとに縦覧して調べ物に資することを目的にしていると考える。必ずしも分類を合わせることはないのではないか。
- 同じにしなくてはいけない理由がわからない。図書館側の工夫で解決できる道もある。
- 利用しやすいように改善すべきで、難しくはない。
- 利用者が捜しやすくするために別置きにし、コーナー化などの工夫をすれば多少解決してくると思う。
- 出版社は分類という発想があるの？ 図書館が書店のようなことをしたら、ますますマス・セールを妨害することにならないか。学問の体系（NDC）のなかにいるから辛うじてストックのための図書館にとどまっているのではないか。
- 解決は必要なのか。利用者はタイトルや著者名でしか探さないので書店並びは厳しいような気がする。

9　日々の業務のなかで出版社の存在を意識する時はありますか。

- 出版（本）があって図書館が存在できる。
- PR誌、出版社の人との交流。
- 選書の際に発行元によって信頼できる本かどうかを考える。
- 日々、意識している。在庫の持ち方、初版の刷り数、対応の迅速さは気になる。学校図書館としてはYAの出版を増やして欲しい。
- 正誤表が届いたとき。回収要請があったとき。電話で問い合わせるとき。改訂を装っていて内容の異同を問い合わせるとき。
- 「高校生にすすめる50冊」新潮社のような冊子を無料で配布してもらうとき。出版の段階で図書館や学校の様子を調査してもらえると良い。
- 選書のときはかなり意識する。「この分野で、〇〇社の本ならば購入しておいた方が良い」といった感じで。
- 毎日する。選書やレファレンスのとき、「この出版社はこの分野が強い」「このくらいのレベルの本を出している」という特徴を考慮している。
- ある。質の良い資料、コレクション構築に必要なシリーズ、テーマ等を刊行する出版社の情報には注目している。
- 注文した本がなかなか納入されないとき（刊行後すぐに注文しないと本当に本が入手できません）。出版部数が少ない？ 増刷して欲しいと思う。

- 毎月、選書された書籍を発注するとき。
- 意識ではないが、名前で信用したり、逆に信用しなかったりという感情はわき上がってしまう。
- ベストセラーを貸すとき、リクエスト件数が多いときは本屋で買うべきと考える。出版社や本屋と共存できる図書館が必要だと思います。
- 選書を毎日行っているため、常に意識する。

以上

〔第2章〕

第17回 図書館総合展フォーラム 2015 記録・報告集
「公共図書館の役割を考える〜本に携わる私たちからの期待」

開催日：11月10日（火）午後3時半〜5時
会場：パシフィコ横浜 Annex Hall 図書館総合展フォーラム第6会場
主催：図書館総合展運営委員会／共催（一社）日本書籍出版協会
来場者数：273名
登壇者：**金原瑞人氏**（法政大学社会学部教授／翻訳家）、**佐藤隆信氏**（新潮社社長）
司会：**成瀬雅人氏**（原書房社長）

【報告記録】

成瀬：本日はお集まりいただきまして、ありがとうございます。会場は満員となっており、関心度の高さが見受けられます。

　私は、日本書籍出版協会（＝書協）の図書館委員会副委員長を務めている関係で、今回の司会役を務めさせて頂くことになりました。

　17回目を迎える図書館総合展ですが、メイン会場での展示会では、例年より多くの出版社が出展しています。これは、出版社が図書館を市場として強く意識するようになったことが背景にあると思います。本来、本を作り出す私たち出版社と、それを置いていただく図書館とは密接な関係にあるはずですが、一方で今までお互いを知り合うような機会があまりなかったと思います。そこで今年は、出版社と図書館の共催という形で、東京国際ブックフェアでは昨年に続き図書館シンポジウムを開催し、また10月に行われた全国図書館大会では、さまざまなジャンルの出版社が図書館についてどう考えているのかを発表する場を設けさせていただいたりしまして、いろいろな反響がありました。

　今日は、「公共図書館の役割を考える」というテーマを掲げました。今回ご登壇いただいている新潮社の佐藤さんは、文芸書の老舗出版社社長というお立場ではありますが、書店や著者の立場も代弁する形で意見を述べていただけるとのことです。永年の懸案である図書館における複本問題についても、多様な立場からのお話が出ると思いますが、それに対してはいろいろなご批判もあると思います。しかし、今日は複本の是非を問うことが目的ではありません。出版社と図書館の対立の図式を求めるのではなく、公共図書館の役割を一緒に考えてみよ

う、というのが今回の趣旨です。ですから、質疑応答の時間をなるべく長く設けたいと思っています。はじめに佐藤さんからお話をお伺いし、続いて金原さんにお話しいただければと思います。それでは佐藤さん、よろしくお願いします。

報告①
佐藤隆信氏の報告

佐藤：新潮社の佐藤です。どうぞよろしくお願いします。

　今日は、図書館大会の分科会を受けてのフォーラムということですので、前回、全国図書館大会で話したことをおさらいしたいと思います。図書館大会では、専門、実用、児童書などの各分野の出版社の代表の方からの報告がありました。文芸書の分野は私が報告しましたが、そこでの報告の趣旨をもう一度ここでお話したいと思います。

　近年、図書館の貸出のために本が売れないのではないかという声が書店さんや著者の方々からリアルに聞かれるようになりました。その原因はいくつかあると思いますけども、我々出版社の感覚からしても、この本なら5万部はいくと思われた本が、3万部しか売れない、10万部売れると思ったものが5万部しか売れない、そんな感覚が強くあります。もちろん色々な原因があると思いますが、2010年に書籍の実売部数と図書館での貸出冊数が、逆転しています。この年を境にして著者の方々からの声が大きくなり始めたんだと思います。もちろん、この売上減少の原因が貸出だけにあるとは言えませんけれど、書籍の実売部数と図書館貸出数のグラフを見る限り、少なくとも何らかの相関関係があると推論せざるを得ない。

　ここで、文芸書についてお話しますと、売れている本の利益で、それ以外の本も刊行されているという構造があります。これは、書店さんも同様で、すぐには売れないであろう全集なども、売れる文芸書があるからこそ、棚に置いておくことができ、書店さん全体の経営が成り立っている。売れる本が置いてあるからこそ、利益をとれないような本を書店に置いておくことができる、出版社も売れる本の売り上げによってそれら以外の多様な本を作りつづけることができるという構造なのです。

　しかし、そういった売れる本を図書館で無料でどんどん貸出に回されてしまうと、書店も含めた出版界全体が傷んでしまう、という構造があるということをまずご理解いただきたい、と図書館大会ではお話させていただきました。

IT技術の発展に伴う複本利用の変化

　2003年、日本書籍出版協会が日本図書館協会と協力して、ベストセラーの複本状況についてアンケート調査を行いましたが、今回は、OPACのシステムを

利用して、『村上海賊の娘』という作品について全国の図書館の所蔵冊数を調査しました。前回調査では、調査自治体数が427、調査館数は679館（全国2,759館）で、当時のベストセラー21点の所蔵冊数を答えてもらい、平均値を出したところ、1タイトルあたり1,366冊の所蔵で、複本は2.01冊という結果でした。そして今回の機械的な調査では、調査自治体数が1,315、調査館数は3,113（全国3,226館）で、『村上海賊の娘』上巻は6,768冊所蔵されていた。平均複本冊数は2.17冊です。お分かりのように、自治体によって分館など図書館の数が多いところもあり、単純に「2.17」という数字だけで、結論を導くことはできないと思います。そこで注目したのが人口当たりの所蔵冊数です。たとえば愛知県の豊田市の場合、所蔵冊数が28冊と多い印象がありますが、図書館に1館だけ、人口1万人当たりに換算すると0.68冊です。一方で、東京都武蔵野市は図書館が3館あり、蔵書冊数は36冊、複本平均は、12.0冊ですが、人口1万人あたりに換算すると2.65冊となってくる。さらに、自治体の面積に対し、分館が何館あるかなどを勘案すると、見た目の数字以上に蔵書が効率よく貸し出されているとも考えられます。最近は、各図書館における分館が地域の「サービスポイント」として機能が発展したことや、新しい技術の開発による効率化も図られていると思います。たとえば、先述した

OPACシステムでは、本が非常に手軽に予約可能ですし、スマホでいつでもどこでも予約ができるようなサービスもでてきています。今まで物理的にある程度の制約がかかっていた複本が、今はこうしたIT技術によって非常に効率よく貸出に回り、言うまでもなく、話題にあがった本やベストセラー本などの図書館利用がますます進む状況ができたということです。

しかし、「公共図書館の役割」という視点から考えた時に、そういった予約数などが地域の人たちの民意として本当にすくいあげるべき価値があるかどうかは疑問に思います。

さらにこの間に書店は大幅に減少してしまったことも事実としてあります。しかし、書店がつぶれても図書館があれば良いというようには考えて頂きたくはない。この機会だからこそ、どういう本を図書館に備えるべきか、公共図書館の役割として一緒に考えいきたいと思っています。

出版物の再生産の仕組みを考える

最後に「読書」という言葉についてお話ししたいのですが、たとえば、図書館にもいろいろあり、国立国会図書館は、すべてのジャンルの資料を揃えていて、娯楽本から学術書まで収集しています。次に大学・専門図書館は、高度な調査・研究を行うための資料を積極的に収集する役割があります。そして、都道府県

立図書館は、そこまではいかなくとも一般的な調査・研究活動にむけて最大限資料を収集していると思います。そして市区町村の図書館は、いわば教養や学習、市民が調べ物をする際に役立つような資料を中心に揃える、という役割があると思います。それに対して読書というもの、一般的な娯楽としての読書を支えているのは書店だと思います。そして文庫や単行本は書店で購入されることを想定して作られているのです。文庫は各出版社が、読者に買いやすいものになるよう値付けや装幀を工夫して発行しています。それを図書館で積極的に揃えることがはたして本当に公共施設として適切なのでしょうか。そこは考え直していただきたいテーマだと思います。このような本が、書店で買われなくなると、著者への還元ができなくなってしまい、住民も今はいいかもしれないけれども、出版社も立ち行かなくなり、将来の作家が育たなくなる。一部の売れる本からの収入を頼りにして、多様な出版物を作り出しているのが出版業の構造です。本屋さんで買われるべき本が買われなくなるということは、つまり本を世に送り出し続ける出版活動の衰退につながりかねない、ということです。それでは将来の読者にも悪い影響が出るし、日本の文化的衰退を引き起こしてしまう。図書館が果たすべき役割を考えるうえで、こうした出版業の構造を念頭において、選書の中身についてもこの機会に考えてもらえれば、と思います。

成瀬：佐藤さん、どうもありがとうございました。それでは、続けて金原先生にご発言をお願いしたいと思います。

報告②
金原瑞人氏の報告

出版不況と翻訳者の実情
金原：金原です。普段は法政大学で教えていまして、今朝も授業があり、ここに駆け付けたんですが、普段の授業ではこんなに生徒が集まらないので、びっくりしておりますが、本日はよろしくお願いします。

さて、私はというと、大学で教えながら、翻訳家として30年ほど活動しておりまして、今日は、翻訳家という立場から、出版状況の変化などについてお話できればと思います。

20年前は訳書が世に出れば、初版印税8％くらいはだいたいいただけていた時代だったと思います。しかし、それが今では6〜5％になってしまいました。当時、自称翻訳家の人たちは、本の翻訳だけで年収が、平均だいたい320万、そこそこ稼ぐ翻訳家だと400万円から500万円ぐらいといわれていたようです。20年前は、初版が5,000部くらいでしたが、現在では良くて 3,500〜4,500 部もしくはそれ以下という時がほとんどです。し

かも印税率も 6%～5%と低くなっている。たとえば、定価が 1,800 円で初版部数が 2,500 部となると、とても翻訳だけでは食べていけない。そもそも 1 冊翻訳するのに 2～3 か月はかかりますから、そういうことだけで考えると、翻訳は、赤貧に甘んじる人か、引退後の時間とお金に余裕のある人がする仕事になっています。こういうことを考えると翻訳家の未来は暗いといわざるを得ない状況です。ただし、これは出版社の問題であって図書館の問題ではありません。出版社と翻訳家の問題です。ただ、翻訳家の実情など、本に詳しい方でも、あまりご存じではないので、ご紹介してみました。

さて、出版界では、出版点数はこの 20 年間で倍近く増えたそうです。20 年前は 4 万点だった出版点数が、今はその倍の 8 万点くらいに増えたらしいのですが、これは、誰にとっても大変なことです。翻訳者から見ても、相当大変だと思います。しかしだからと言って、図書館がベストセラーを買う代わりに他の本を買うことで、どれだけ全体の売り上げの改善に効果があるかはわかりません。今、佐藤さんが上げた調査結果の数字は、僕の同僚の社会調査の専門家と話してみたんですが、「おそらく図書館は納得できないだろうと思いますよ」と言ってました。つまり、もっと専門家を交えて、関係者も一緒に共同したさらに深い調査をして、そこから分析し、結果を抽出しないとだめだと。これくらいの調査だけでは、出版社と図書館の抱える問題解決には結びつかないという印象です。図書館の皆さんの反応もそうだと思います。ですから、複本問題に関しては、発言は控えさせてください。

図書館が本の購入者の土壌となる

ところで、私自身、図書館は好きなんですけど、怒られるかもしれませんが、日本の図書館にはほとんど行かないんですね。どれくらい行くかというと、1 年に数回講演で呼ばれた時くらい（笑）。なぜかと言えば、それはいろんな理由がありますが、大きな理由のひとつに、まずやはり本は買うものであると思っている。よっぽど探しても本屋で見つからない本を読みたいときに、図書館に行って探してくる、といったような使い方をしています。そういうとき、図書館は実に便利です。

一方、作家の中には図書館を非常に活用し、その恩恵を受けている方もたくさんいます。僕の知っている、文月悠光さんという詩人の方がいて（17 歳で中原中也賞を受賞した人です）、彼女と話していた時に、「小学校の時何をして過ごしてたの？」と聞くと、2 週間に一度お父さんに車で札幌の図書館に連れて行ってもらって、家族全員の貸出カードを使って 20 冊くらいの本を借りていたそうです。でも大人になって、「あの時借りて読んだ本が手元にないのはさみしい、だから今はそういう本を買って手元

においている」と、そういう話を聞きました。あと、もうひとり吉岡太郎さんという歌人がいて、彼なんかは、ブックオフと図書館が読書のきっかけを作ってくれて、そのうち本が好きになって、普通の書店でも本を買うようになったということを話していました。

このように、図書館が本の購入者の土壌となっていることは間違いありません。また、図書館利用者のこの母数が増えれば、おのずと書店での購入者数の比率も上がります。なので、私から、図書館の皆さんにお願いしたいことは、多くの読者を育てて欲しいということです。そしてそのためにはどうすればいいかを考えて欲しい。それが出版文化を支えることになるはずです。

図書館に求められる選書の力

ここでもうひとつ、図書館界にお願いしたいことがあります。これはいくつかの「出版ニュース」の記事などに目を通し、複本問題も視点に入れながら選書の問題について私なりに少し調べてみました。私から、指摘したいことは、賞を受賞した本をきっちり所蔵している図書館が少ないということです。特に気になるのは詩歌の本です。日本の図書館は欧米に比べ、詩歌の本が非常に少ない。60年代、70年代までは、日本の図書館での現代詩の書棚がまだ充実していた。しかし、ここ20年程、詩の本棚がどんどんやせてきた。置いてある図書館も少ない。せっかく若い歌人、詩人が頑張って出てきているのに残念です。現在、詩集の大部分は、著者本人が買い取っているのが実情です。しかし、そういった詩集が中原中也賞やH氏賞を受賞して、図書館が購入したいと思っても、もうそういった作品は市場に出回っていません。絶版になっているんですね。聞いた話だと、ある図書館の館長さんが、「受賞した詩人の作品が欲しい」と言って、出版社に電話をした。そしたら、「もう絶版になっている」と言われ、館長さんが、「なぜいつも絶版状態なんだ、増刷しないのか」と言うと、出版社の人が、「あなたたちが買ってくれないから絶版になってしまうんだ」と（笑）。そういった理由で、受賞して注目を少し浴びはじめた作品を図書館が買おうと思っても、もう市場にないことが多いんです。結果として素晴らしい詩集や歌集が、図書館からどんどん少なくなってきているような気がします。

図書館はそういう価値のある本の将来を見越して積極的に選書し、購入してほしい。たとえば、全国の図書館が3,000幾つかありますがその3分の1の1,000館が購入してくれれば、1,000部売れます。これなら小出版社も商売ができます。また、それだけ捌ければその作品を出し続けるための支えになりますし、そこから新しい作品も作りやすくなる。こんなありがたいことはありません。長くなりましたが選書について、ご一考下さると

うれしいです。

さまざまな問題解決の鍵は行政への働きかけ

あともう一点は、資料費が下がっていることに対してですけども、これは、出版ニュース（2015.04）に松岡要さんが、1955年の県立図書館の資料購入費（の平均）が55億円で、2014年は27億円に下がったと書いています。これは、図書館の人たちは是非、行政に抗議していただきたい。そして運動を起こして欲しい。運動を起こすのであれば、もちろん出版社も協力するでしょう。図書購入費が下がれば、本の売り上げもその分減っているのですから、出版文化というか、文化全体を考えるうえでも、自治体の資料費予算は確保しなければならない。

こういう時、つい欧米と比べてしまうのですが、欧米では、文化・教育費をとても大事にしています。それは、文化や教育といったものが、その国の成熟度を表しているという考えが強いからです。その意味で日本は国の文化・教育に対する考え方が非常に未熟であると言って間違いない。たとえば今の政府が進めようとしているような、大学の文系・教養の学部を縮小するとか、学問や、活字、文化に関する予算をどんどん減らそうという動きが現にあります。残念なことに日本という国は、少し財政が厳しくなると、すぐに文化費と教育費を削減する。それを指をくわえてみているのは良くないことだし、同じ本質的な目標を共有しているはずの出版と図書館が連携しないのはもったいない。大学もその運動に加わっていい。法政大の総長も声をかければいやだとは言わないと思います（笑）。

さて、まとめですが、図書館は文芸、学術書の良書をきっちり入れてほしい、そして、ぜひ新しい詩人、歌人、俳人への目配りもお願いしたい、それから、文化全体のことを考えてほしい、さらに、出版社や大学などと遠慮なく意見を交わし、色んなコラボレーションを考えたり、いまの状況を打破するための運動を起してほしいと思いました。以上です。

【質疑応答・ディスカッション】

成瀬：ありがとうございます。時間の都合もあり、お話ししきれなかった部分もあるかと思いますが、まずは佐藤さん、今の金原さんのお話を受けて、または、先ほどのご報告で言い切れなかったことなど、何かあればお話しください。

佐藤：先ほど、金原さんのご報告の中で、私の出した数字の話が出ましたので、補足しておかなければなりません。私自身、この数字で図書館と話し合いができるものではないと思っています。単に話をするきっかけとしての参考資料と思っていただけばということです。数字も出

さずに、何も根拠なく話しても意味がないので、参考、話すきっかけとして数字を出してみましたが、これで結論を導こうなんてことはできないと思います。その上での話ですが、やはり文芸書の市場が非常に厳しくなっていたり、著者から悲鳴が上がっていることは事実で、これについて何かしら手を打たなければならない、ということです。

将来の読者を育てるために見直さなければならないこと

佐藤：あと、読者の母数を増やすべきとの話が出ていましたが、まったくその通りだと思います。出版社と図書館は両輪で動くべきだし、読者が求める本を作るにしても、売れる本が利益を出してくれないと作れない。しかし、もちろん、複本をまったくゼロにすることはできないのは理解しています。要するに程度の問題だということですね。もうちょっと品よくやって頂ければなと（笑）。しかし現在、ネットワーク技術を駆使した貸出サービスは複本以上の利便性を提供しています。デジタルは、明確な数字や情報を出してくる。それほど読みたい本でなくとも、ポチっとボタンを押せば予約完了として数字が蓄積される。そのような予約にも対応しなければならないとなると、図書館は本当の読者を育てることになるのか、という問題提起でもあります。そこで、図書館には少し手加減していただき、利用者からのリクエストなどを単純に真に受けずに上品にやってほしいというところのお話です。大事なのは、10年後20年後の読者を増やすことで、今苦しんでいる書店さんや出版社の状況について考えて頂きたいということです。

成瀬：わかりました、ありがとうございます。金原さん、いかがでしょうか。

金原：佐藤さんがおっしゃる通りで、翻訳家も苦しい。

これも色々な方が指摘なさっていますが、日本の図書館の数は欧米に比較して、まだまだ少ない。それ以上に、これは確か手嶋孝典さんが「出版ニュース」（2015.05）で書いてらっしゃったと思いますが、公立図書館の購入費が書籍売上全体に占める比率はなんと2.5％に過ぎない、たったこれだけです。これが4倍くらい、書籍売上の10％くらいになれば、出版社だっていい本を思い切って出版することができるようになる。今、私が携わっている本があるのですが、TRCが1,000部買ってくれることになった。これは非常に支えになる。図書館の購入費がせめて2倍になれば専門書の初版は優にはけてしまいます。ぜひそうなってほしいと思います。

あともうひとつが、行政トップの意識を変えることが重要です。いい例が、鳥取県の図書館行政です。自治体のトップの意識が変われば、がらりと図書館行政

が変わります。なので、行政のトップへの働きかけなどの行動も、もっと積極的に行っていくべきだと思います。

成瀬：ありがとうございます。これから質疑応答の時間に移ります。質問をもとにディスカッションしてまいりたいと思います。

質問：理科系の本が公共図書館では古いという現状があります。図書館人はだいたい文科系の出身で、理科系の選書問題ももっと真剣にやってほしいと思うんです。定価も高いので学生もなかなか本を買わないですよね。理科系の本の選書能力を持っている図書館人の確保、理系の良書を確保するにはどうすればいいでしょうか。

佐藤：東京理科大出身なので、私でよければお答えしたいと思います。立花隆さんがこの前どこかで、学生が本を読まないと言っていましたが、良く聞いてみると、専門書が読まれていないということだそうです。今まで出版界は、すべて本という単位で議論をしていましたが、出版物のジャンルによって商売の仕方が異なっているんですね。たとえば、医学書は、随時データがアップデートされるようなジャンルですので、データベース的な使い方が適している。法律書も似たような使い方が良いのではと思います。しかし、文芸書は、一冊、すなわちひとつのパッケージとして、まとまった形で読むことが最適でしょう。なので、ジャンルごとにしっかりした議論をして適切な選書にたどり着くべきであり、それを図書館の方からもひとつの判断材料として生かしていただければと思います。

成瀬：ありがとうございます。今回図書館総合展のフォーラムということでこの会を開催していますが、総合展のメイン会場では、専門書出版社のブースも非常に多く出展しています。また、出版社のおすすめ本というコーナーもあり、書店店頭でもなかなか見かけない、専門的な理系の本がズラッと並べてあり、なかなか壮観です。しかし、残念なことに司書の皆さんはあまり立ち寄っていないかな？　という様子でした（笑）。

最近では理系専門出版社も図書館を市場としても非常に意識していますし、多様な本をどんどんアピールしています。ぜひ、図書館関係者の皆さんに寄って頂いて、図書館向けの理系の本がこんなにあるんだな、と感じていただきたいと思います。

前記質問者：あともうひとつよろしいですか。理系本の選書もそうですけど、またそれの並べ方の問題もあると思います。色んな図書館をいままで見てきましたが、最近の例では海老名市立図書館でも、開架数を増やしたと言っても、湯川

秀樹先生などの理系の世界で活躍された方の歴史的な名著が奥深くに入ってしまっていたりして、来館者が見つけにくいような場所にあることが多いんですね。これは大事だ、というような理系の本をもう少し見つけやすいところにおいてもらえるといいなぁと、思っています。

成瀬：このご意見について、答えたいという図書館関係の方いらっしゃいますか？（笑）

　それでは私から、会場にいらっしゃる新星出版社社長の富永社長を直接指名して、お伺いしたいと思います。富永さんは、先月（2015年10月16日）行われた全国図書館大会での「出版と図書館」と題した分科会で、実用書出版社のお立場から、図書館での実用書の並べ方についてお話しいただきました。非常に面白いお話でしたので、富永さんに、その、図書館における本の並べ方ということについてお伺いしたいと思います。急に振ってしまいすみませんが、今のご意見についてお話しいただいてもよろしいでしょうか。

富永：新星出版社の富永です。本の並べ方・分類について、今ご紹介にありましたように図書館大会でも話したのですが、私どもが出している実用書は、どんなジャンルのものでも専門家ではない初心者が読んでもわかるような本をオールジャンルで出しています。工学系だろうが人文系だろうが、素人が読んでもためになるものだったり、その分野の専門書をいきなり読んでもわからないけど、入門書として誰が読んでもとっかかれるようなものをめざして作っています。

　ですので、初心者向けの実用書として出している、例えば工学系の本でも図書館で並べられるときは、図書館の分類法に沿って専門書の工学の棚に入ってしまう。そうすると、その分野の知識を十分に蓄えていない人は入門者向けのその本を探すのは困難になってしまいます。図書館の立地や役割によって、読者サービスとしてそれぞれの本の特徴を押さえて、どのように配架するのか工夫があってもいいよね、というようなお話を前回しました。もちろん工夫をなさっている図書館さんもたくさんあります。しかし、多くの図書館では、知的好奇心の入り口としてあるはずの実用書が、専門知識がある人しかなかなかたどり着けないような場所にあるのは残念だなと。もう少し工夫があればなという印象があることをお話しました。

成瀬：図書館の話になるとどうしても文芸書とか人文書という狭い範囲の話が多かったと思いますが、本の世界はもっと広いですよね。図書館って本当は、いろんなものを、すべての情報を包含した世界であって、いろんな人が使う場です

よね。読者を育てるというのは文学青年だけを育てるということではないと思いました。

質問：30年前にニュージーランドに行って、書店に行ったつもりが図書館に入ってしまった経験があるんですが、その図書館にはノンフィクションの本が非常に多かった。色んな、実用的な本なども置いてあって。日本の図書館でもこういったノンフィクション、実用的な本を増やす見直しが必要ではないかと思いますがいかがでしょう。

金原：欧米でも蔵書構成は図書館によって異なりますが、アメリカの図書館で面白いのは、「〇〇スタディーズ（＝研究）」という形で、大きなコーナーみたいなものを多くの図書館で設けています。女性問題、LGBT、エスニック文化、そのほかのいろんな時事問題だとか、その時の重要なテーマや地域的な課題とかに分けて本を並べている。これは利用者にとっても非常に便利で勉強になる取り組みだと思います。

　しかし、欧米は所蔵冊数や予算などで日本となかなか単純に比較できないところもあるんですね。たとえば複本に関してでも、アメリカでは、7人ごとのリクエストで複本を入れる図書館もあるし、また、3年前には、紙の本が1冊もない電子書籍のみを扱う図書館もできました。簡単にアメリカやイギリスの図書館と比較することは難しいですが、取組みの事例のインフォメーションとしてお話しました。

「貸出猶予」は図書館へのお願い　決定は図書館の判断尊重

質問：現役時代から図書館には世話になりました。今は、ある図書館団体の代表を務めていまして、図書館と出版社の問題には大変興味があります。

　特に佐藤さんにお答えいただきたいのですが、質問の一点目は複本問題についてですが、これは10年前から同じような議論がされてきたと思います。最近メディアでうわさが流れているような貸出猶予について何か宣言が出るかと期待して今日は参加したのですが、本当に報じられているような、貸出猶予について、このような動きはあるのでしょうか？　お話頂ける範囲で結構ですので、お聞かせください。

　もう一つの質問は、これも複本問題の再燃について非常に疑問に思うからなのですが、出版界は今、売上減少などで非常に厳しい状況にあると思いますが、立て直しのためにも出版界がひとつにまとまって進んでほしいと思います。または色んなステークホルダーが一堂に会して問題を打破するための議論はできないのでしょうか。今は図書館と出版社が複本の議論を再燃させて戦っている場合ではなく、出版界や関係者間で一体となってどのようなビジネスモデル

を作ってやっていくべきか、その指針を出版界はまず一つになって打ち出してほしいということです。出版社、ステークホルダーが一致団結して、この出版不況に立ち向かうモデルみたいなものについて、何かお考えがあれば教えてください。

佐藤：貸出猶予をお願いするという動きはあります。なぜなら、著者や書店からも貸出を猶予してほしいという声が実際に上がってきているからです。

しかし誤解していただきたくないのですが、これはすべての本についてそうしてほしいというのではなく、著者と出版社が合意して、猶予を望む本について限定的にお願いベースで進めたい、ということです。図書館に貸出猶予をお願いするような本とは、具体的には3万、5万、10万と売れるような本です。こういう本が書店さんの経営を支え、さらに新しい作品を創りだす出版のサイクルを支える本になるからです。こういう本について、各図書館のご配慮をお願いするということです。

貸出猶予は業界同士の決め事ということではないし、日本図書館協会さんに要望を出すような筋でもありません。それぞれの図書館さんにできることをしてくださいということです。それぞれの図書館さんも住民との関係もあるだろうし、色んな事情があると思います。一律に決めることはできないので、お願いをして、図書館さんのご配慮を求めるという程度の進め方だと考えています。

おっしゃるように喧嘩すべきではないし、公共図書館の役割を一緒に考えていけば、同じ結論が出ると思っています。どの図書館の人でも、10年後、20年後に本がなくなることを望んでいる人はいないと思います。本は買って読むものだという原点に戻ってほしい。だから図書館からも、それを後押しして欲しいと思っています。貸出猶予そのものはいわば、そのための雰囲気作りだと思っています。買って読んでもらわないと、著者のモチベーションも保てないんですね。それを保たなければ作品づくりを支える健全な出版活動が保てなくなり、出版も図書館も共倒れになってしまいます。我々が貸出猶予を求めるのは、猶予になれば単純にすぐ本が売れるようになると思っているからではありません。将来、本が作れなくなってしまう状況にならないために、いまお願いをする、という意味です。

あるマスコミさんからは、複本は何冊までならいいのかという質問が出ましたが、何冊なら良いとか答えは出ません。それぞれの図書館、自治体の歩みもあるでしょうし、利用者とのお付き合いもあるでしょう。そのなかで、多少は作家や出版社のことも考えて欲しいということです。

あと、出版界がビジネスモデルを統一するという面でまとまることは現実的

に無理です。これはなぜかというと、ジャンルが変わると商売は本当に変わってきてしまうからです。タダで流通させた方が儲かるような種類の出版もあります。そういうところとに共同で行動することは難しいです。そこはご理解頂きたく思います。

成瀬：金原さんはいかがですか？

金原：お願いするのは、出版社からのあくまでお願いということですから、やってみればいいと思いますし、それを受け入れるかどうかは、各図書館さんが、各館の判断、選書基準でどうするか考えてくだされればいい。図書館の自由に関する宣言に抵触するのではないかという議論もあると思いますし、各図書館の判断ということでよろしいのではないでしょうか。

佐藤：もう少し、補足させていただきますと、図書館に貸出猶予をお願いすると、本が売れるようになるとは考えていないことは申し上げましたが、92年の『図書館はいま―白書・日本の図書館』(1992年4月刊,日本図書館協会図書館白書編集委員会編)が打ち出したように、「図書館で借りた方がお得ですよ」と利用者に呼び掛けようという意見もあったそうです。それについて、それはいかがなものかという反対意見が「図書館雑誌」(図書館協会刊)にも出ました。そういう議論が昔からあったわけですが、「借りた方がお得」という意識を「本は買って読むもの」だという意識に戻していただきたいと。それが、5年後に多くの人が本は買って読むことがごくごく当たり前のことなんだというふうになってもらいたいと思っていますし、そんな状況をつくるため、いま雰囲気づくりをしているところだと思います。

本を買うことは特別な行為ではない

　これも、前回の図書館大会でお話したんですが、ある銀座の有名なお店の奥様が櫻井よしこさんに会った時に、「櫻井さんの御本は全部読んでます、もう本当にすばらしいです」とおっしゃったあと、「ただ、ちょっと待つのが玉に瑕なんです」と言ったという。櫻井さんも最初何のことだか分らなかった(笑)。つまり、図書館で借りて読んでいて、予約待ちをすることも度々あったということです。本を買うくらいのことができる人が、やはり買わずに、借りるということが当たり前になっているのは、まずい。こういう方たちは、やはり買って読んでいただきたい。すぐに売り上げには繋がるわけではないですが、こういう人たちがリードして、本を買うということは決して特別なことではない、普通のことであるということを示してほしい。それを図書館の方からも何かしらの形で後押しをしてもらって、5年後、10年後の本に関わる世界が少しでも良くなることを望ん

でいるわけです。

成瀬：ありがとうございます。さて、図書館に携わっている、現役の方からの質問がまだありませんがいかがでしょうか。日ごろ色んな問題に対峙されていらっしゃると思いますので、お聞きしたいのですが、現役の図書館人の方からはいかがでしょうか。

質問：図書館を主な相手としている流通会社に勤めている者です。図書館のDVDはレンタル用ということで高く納入されているんですけれども、作家さんが望むのであれば、貸出用の本についても、定価より高く図書館に卸すことはできないのでしょうか？ やはり、貸出猶予となると少し、難しいんじゃないかなとも思いますし、しかし図書館用に高くおろせ卸せば、著者さんへの収入もその分増え、さらに、図書館も複本の購入についてもう一段深く考えるようになると思うのですが、いかがでしょうか。

成瀬：これは実は、出版界では古くからある議論なんです。しかしこれが、なかなか実現しない経緯がありまして、これまでの議論をよくご存じの方が会場にいらっしゃいますので、お伺いしたいと思います（笑）。
　みすず書房の持谷社長（日本書籍出版協会図書館委員会委員長）がいらっしゃいますが、コメントいただけますでしょうか。

持谷：今のご質問にあったような、図書館向けに定価を高く設定することは非常に刺激的なアイディアです。それが何かしらのかたちで実現できるのであれば、模索してみる価値は十分にあると思います。しかし同時にそのために課題があることは確かです。たとえば本自体の仕様をどうするかなどがありますが、出版社が図書館をマーケットとしてみる非常にいい契機にもなるとも思います。実現させるための課題はありますが、これを目指すことは非常に重要なことではないかと思います。

成瀬：それかもう御一方、吉川弘文館の横井さんがいらっしゃいますので、コメントを頂きたいと思いますが、横井さんよろしいでしょうか？

横井：一例ですが、すでに現状でも電子書籍については、図書館向けに価格を定価の3倍程度に設定し、販売しています。電子書籍については、現在そのように進んでいるところもありますね。

成瀬：ありがとうございました。そろそろ予定の時間に近づいてきましたが、私の方から少しだけお話させていただきたいと思います。
　いままでのいろいろな議論を受けて、まず前提として、図書館予算の増額が必

要ですよね。先ほどのお話で、出版界がひとつにまとまれないのかというご質問もありましたが、別にまとまってないっていうことでもないんです。どの出版社も良い本を出し続けたい、というところでは一致しているはずです。

　図書館さんには専門書も含めていろいろな本を蔵書していただき、本の需要を支えていただきたい。そういう関係であり続けることで、我が国の豊饒な出版文化が保たれるだろうとの思いはどのジャンルの出版社でも考えている事だと思います。しかし、予算の問題もあるし、選書が現場ではなかなかうまくいっていないような現実も抱えながら、そういう問題に対して、出版社と図書館が一緒に一体となって考えていこうじゃないかという目的でこのフォーラムが開催されました。お互いが抱えている問題を解決するための動きを起こすきっかけにしたいというのが本日の趣旨です。

　最後に檀上のお二方から一言いただいて終了としたいと思います。

金原：今回、話をするに当たり、一か月くらい図書館のことについて勉強しました。その中でわかったのは、図書館の抱える問題の多くは、自治体のトップの責任は大きいということ。図書館の司書さんや出版関係の方にインタビューしましたが、今の図書館を取り巻く状況は非常に厳しい。これに対して、声を上げなくていいのか？　もっと声を上げて抵抗した方がいいと思います。大学図書館も今は本当に厳しい状況で教員は必死に声を上げています。本当は我々が一体となって、図書館や大学、そして出版社も一緒になって、自治体や政府に働きかけることが重要だと思います。今回のフォーラムがそういうことを考えるきっかけとなればいいなと思います。ありがとうございました。

佐藤：本日はありがとうございました。前回の図書館大会では、報告のあと、多くの来場者の方から、私が話した事に理解を示してくれる意見が届き、大変うれしく感じました。

　今日は、金原さんの話にもあったような明るい話も出ましたが、地方自治体、公共図書館の置かれている環境は非常に厳しいんだと思います。また、地方の出版社や書店の減り方を見ると非常に厳しく、待ったなしの状況です。だからこそ、著者や書店から図書館の現状について声が上がってきているのだと思います。複本問題ということだけではなく、現状の枠組みの中で何ができるのかをみんなで考えていければなと思います。読者に何を訴えかけていくのか、本の情報の交換なんかも含めて一緒に考えていきたいと思いますので、これをスタート地点にしてこれからもよろしくお願いします。ありがとうございました。

　　　　　　　　　　　　　以上

第17回図書館総合展フォーラム「公共図書館の役割を考える」
来場者アンケート 集約

※アンケート回収数＝７６
■回答者内訳
①公共図書館＝５２者　②大学図書館＝１者　③学校図書館＝４者　④専門図書館＝３者
⑤その他＝１６者
※以下、アンケート回答中の（）内は、回答者の所属先

---

1. 自館での選書の際、注意を払っていることがあれば教えてください（複数回答可）
　　　　　　　　　　　　　（回答数）
　　　　①自館の蔵書構成・・・52
　　　　②自館の利用者像・・・46
　　　　③著者・・・14
　　　　④価格・・・22

【その他、自由回答】
- 本の版型や棚に入るかどうかなど本の物理的な条件等（公共）
- 特定の信条・思想に偏らない蔵書バランス

2. 選書する際に課題となっていることがあれば教えてください

- 資料費の削減。費用が少なく、蔵書構成に偏りがある。利用者が利用する蔵書に固定されがちになっている（学校）
- 予約件数の多さにより購入する本が左右される。図書館で揃えたい資料と利用者の求める資料に相違と隔たりがある（公共）
- 少し古い本を購入しようと思っても絶版になっていることが多い。アマゾン経由なら簡単に購入できるというジレンマを抱えている
- 選書を専門の人（司書等）ではなく、市の職員が行うのは問題（公共）
- 取次会社からの配本に偏りがある（公共）
- 高価で一般では買われない貴重な本を入れたいが、リクエストや蔵書数と予算の関係で安価で当たり障りのない本を入れざるを得ない現状（公共）
- 利用者のニーズは「売れている・人気の本をタダで読みたい」が主で選書に困ることがある。版元、作家の気持ちもわかるが、どう線引きすればよいのか悩ましい
- 利用者の極端なリクエスト（ヘイト本、スピリチュアル、コンビニ本など）への対応。売っていれば買える本もリクエストしてくる。アマゾンが使えない高齢者をはじめ、若い人への対応も必要なのか？（公共）
- 利用者のリクエストに応えると長期的に読まれる本が選ばれにくい（公共）
- リクエストサービスの在り方。同種類本を大量にリクエストする方への対応（公共）

3．どのような時に出版社の存在を意識しますか

- どの分野において、どの出版社が強いか見定める時。どのような本を多く出版しているか、評価も含めて意識する
- 特定の分野の良書を選ぼうとする時（公共）
- 出版者との共同イベントを行いたいと考える時（公共）
- ベストセラー本などひとつの本に多数の予約が入った時
- ベストセラーが予約800件などで入るとき
- （良くも悪くも）世間的に評判になった時
- 人口の減少に伴い、本が売れなくなるのはしょうがない。出版も業態を変えなければならない。その対策を公共図書館に求めるのはすり替えでしかないのでは、良い本は売れる（その他）
- 「図書館は無料貸本屋」と批判を受けた時や小規模版元発行書籍が絶版との連絡を受けた時（公共）

4．近隣の書店の存在を意識するときはありますか。また、書店と共同でおこなっている事例等あれば教えてください

- 作家の講演会などをやるとき、本を売りに来てもらうなど
- 図書館が近くにある本屋はつぶれない。逆に図書館が近くにない書店はつぶれていく
- 小さい書店がどんどんなくなっていくことに危機感を感じる
- 書店で見たと言って、予約する利用者がいる
- 納入に関しては、地元の書店組合を通じて購入しており、常に意識している（公共）

5．「新刊の一定期間貸出猶予」や「複本」についてご意見をお聞かせください

- 個人的には複本はいらない。市民の知る権利を保持しながら、より良い方法を見いだしたい（公共）
- 複本の購入をなるべく控え、他の書籍を購入したいが、市民の求めを無視できない。複数たまる蔵書にモヤモヤする（公共）
- 書店の衰退は複本のせいではない。複本は昔からあるが、そもそも複本を多く抱えても、処分に困るので、複本については図書館も節度を保っていると思う。図書館のサービスが良いから利用者が増えると考える（公共）
- 図書館の在り方が問われている問題だと思う（公共）
- 協力したい気持ちはあるが、利用者の声は大きい。むしろ出版社から「お達し」があれば大手を振って堂々とやりやすくなる（公共）
- どの程度効果があるのか、実験的にやってみてもいいのではないかと思う
- 複本を備えることについては疑問に思う点が多くある。図書館は普通に買えないような本を購入し、置くべき（公共）
- 貸出猶予については、図書館で借りる人は、いくら待っても「借りて読む」ことをいとわないので効果がない
- （貸出猶予について）やってみて良いと思う。影響の有無を知りたい。しかし、その

- 後の評価の段階で新たな対立は避けられないだろう（公共）
- 利用者の要望とその現状を考えると「複本」やむなしという状況（公共）
- 貸出猶予が設けられてもいいと思う。また、複本については制限を設けてもいいのではないか（公共）
- 予約件数に応じた冊数を納入したい（公共）
- 貸出猶予については利用者からの大反発があると思う。複本は、ある程度セーブが必要かも。しかし利用者のニーズを考えてしまう（公共）
- 貸出猶予＝検閲にならないか？ 複本＝寄贈もあるので必ずしも買っているわけではない（公共）
- 複本の制限、一定期間の貸出猶予について、良いと思う。本を買える層の人ほど先に予約してしまい、または「まだ？」と言う。本当に必要とする人に貸したい（公共）
- ベストセラーの複本には気を使う。作家、作品を守るのも図書館の役目だと思う。また、図書館は、一般では売れない本も購入するというマーケティング（の場）でもあり、そのような種類の本を購入することも大事（公共）
- 市民と出版界の板挟みになっており、複本をどう扱ってよいのか悩みどころ（公共）
- 出版社の甘えでは。視点が低く、日本の文化基盤が育たない理由のひとつだろう（その他）
- ベストセラー本が、図書館で貸し出されるまで、約2か月かかり、これを（個人的には）猶予期間とみなす（公共）
- 貸出制限より、流通システム全体の見直し改革を進めることが先では？（公共）
- 複本による、資料費予算の圧迫はあるが、市民のニーズには応えなければならない（公共）
- 貸出猶予は絶対反対。複本は部分的に賛成（専門図書館）
- 両方に理解を示している。経済的に余裕のある人は本を買うべき。図書館の役割は、経済的弱者へも知る権利を確保し、情報格差を生まないようにすること（公共）
- 予算が少ないので、基本的に複本はない。長期にわたって借りたい本があれば、購入することを勧める（学校図書館）

6．図書館との関係で、出版社に期待するものがあれば教えてください

- 現物の持ち込みをして欲しい
- 図書館にて出前授業などのＰＲ活動をして欲しい
- 「本」がなくならないよう、相互で手を組んでいきたい
- もっと情報交換をしたい。両輪の関係を保ち、良好な関係を築くべき。特に新刊書（ベストセラー）の取り扱いについては今後検討が必要（公共）
- 書籍のセールスポイントや内容のポイント等の情報を出版者からもらいたい。いつもアマゾンのものに頼っている。詳しい出版情報などを版元のサイトに載せて欲しい（公共）
- 1冊1冊の特徴的なことをもっとＰＲして欲しい（公共）
- 資料の情報をきちんと出し、良書を作ってほしい（公共）
- 品切れや絶版となった本をデジタルコンテンツとして発売できないのか（公共）
- 書店、図書館、版元のトラインアングルイベント的なものを図書館の場を借りてやるべき（専門）

- 良質な本は絶版等になっても、オンデマンドなどで対応して欲しい。金原氏の発言のように、詩集、写真集、画集等は絶版になるのが早すぎる（公共）
- 一年猶予や文庫本購入制限などを図書館に訴え出てくることは非常に悲しい。本を愛する者へのいじめのように思える（学校図書館）

7．図書館界と出版界が今後、共同して考えるべきテーマ、または、相互に共通して存在する課題などについてどのようなものがあると思いますか

　　①図書館の選書・・・23％
　　②図書館・書店・出版社の相互関係・・・61％
　　③行政（評価基準）問題・・・13％
　　④指定管理者制度・・・10％未満

【その他自由回答】
- 本の流通のことをもっと一緒に考えたい
- 本を買う習慣をもっと伝えて欲しい。
  図書館からそれを利用者には言えない（公共）
- 読者の拡大（公共）
- 「図書館開館後に近隣の書店の売上げが減った」という話は聞いたことがない（公共）

8．その他、今回のフォーラムを受けてのご感想やご意見などがありましたらご自由にご記入ください

- 出版販売額の減少は、読書人口が減っていることが最大の理由
- 図書館向けに本を高くする（ハードカバー）にするというのはいいアイディアだと思う。なぜできないのか疑問（公共）
- 業界・図書館の現状を訴え、人々を啓蒙していく方法しかないと思う（公共）
- 絵本を毎週末10冊（×家族人数分）借りる家族がいる。何組もいる。子どもを本好きにさせたい願いがこもっている。しかし、図書館ではなく書店で買うとなると経済的に若い世代の親には無理で、子どもへの読み聞かせの機会を奪いかねない。書店を圧迫していることは分かるが、読書人口の母数は図書館でつちかうしかないのでは（公共）
- タイトルに興味を持ったが、図書館への要望、ご意見が多く、タイトルを見直した方がいい。先生方のご意見を正しいと思うが、タイトルと内容の違いにがっかりした（公共）
- 学術文庫や高価な専門書の蔵書が図書館には必要である。また、専門司書の育成と保護も必須（専門）

以上

おわりに

一般社団法人　日本書籍出版協会
図書館委員会 副委員長
成瀬 雅人（原書房社長）

　以上が、全国図書館大会、図書館総合展という図書館界の大きなイベントの場をお借りして、日本書籍出版協会が開催したふたつのフォーラムの記録である。

　登壇者に出版社の社長が多かったため、パネリストの発言は出版界から図書館界への要望やお願いが中心になった。そして、どちらのフォーラムでも会場内で共有されていたにちがいない「未来の読書への強烈な危機感」をベースに、かなり踏み込んだものとなった。特に、出版社からいえば「お客様」である存在である図書館に対し、あえて選書のありかたや、図書館そのものの意味までを問うたことに注目していただきたい。

　そのアプローチはさまざまであり、全国図書館大会で、佐藤氏は文芸書の複本問題を切り口に蔵書のありかたを、今村氏はこどもの本のインフラとしての、また民主主義の実験場としての図書館を、富永氏は実用書の意味を語りながら棚づくりを、黒田氏は読む力の涵養の場としての図書館を、それぞれの立場から論じた。これに対し図書館界を代表する形で登壇した小池氏からは、公共図書館の選書の実情や問題点が率直に語られた。図書館総合展で、佐藤氏は新刊貸出猶予をお願いしようとする背景を丁寧に語り、金原氏からは自治体の資料費増額を目指す運動での連携の必要性が提起された。

　図書館が、読者を育て、読書環境を守る重要な場であることに異論をはさむ余地はない。だからこそわれわれはその蔵書構成にまで意見を言うのであり、個々の出版社の目先の売り上げのための発言ではないことをご理解いただきたい。資料費の増額という共通の目的を遂げるためには、図書館界と出版界とが忌憚なく話し合い、連携してゆかねばならない。

　日本図書館協会のご協力で、本記録集を全国の公共図書館に送付させていただくこととなった。両会場でのパネリストの発言を忠実に再録しただけでなく、質疑応答や会場で実施したアンケートへの記述もすべて盛り込んだため、かなりの分量になったが、お読みいただければ、出版界が公共図書館の現状をどのように見ているかということと、それに対しての図書館界からの共感と反論を、読み取っていただけると思う。ご意見やご批判を、今後継続的に設けてゆくことになる議論の場でお聞かせいただければ幸いである。

　2015年のわたしたちの試みが、図書館と出版との新たな協働へのきっかけとなることを、願っている。

以上